WISSEN FÜR DIE PRAXIS

Weiterführend empfehlen wir:

FOKUS Sozialrecht
www.fokus-sozialrecht.de

Weitere Titel unter: www.WALHALLA.de

WALHALLA

Ralf Hauner

Grundlagen – SGB I: Allgemeiner Teil für alle Sozialgesetzbücher

Textausgabe mit praxisorientierter Einführung

Bibliografische Information der Deutschen Nationalbibliothek
Die Deutsche Nationalbibliothek verzeichnet diese Publikation in der Deutschen Nationalbibliographie, detaillierte bibliographische Daten sind im Internet über www.dnb.de abrufbar.

Zitiervorschlag:
Ralf Hauner, Grundlagen – SGB I: Allgemeiner Teil für alle Sozialgesetzbücher in der Reihe WALHALLA – Textausgabe
Walhalla Fachverlag, Regensburg 2026

Walhalla
Mediengruppe

WALHALLA – eine Marke der Walhalla Mediengruppe

1. Auflage
Rechtsstand: Januar 2026

Kontakt bei Fragen zur Produktsicherheit:
Walhalla u. Praetoria Verlag GmbH & Co. KG, Haus an der Eisernen Brücke, 93042 Regensburg, E-Mail: produktsicherheit@walhalla.de, Telefon: 0941 5684-0

Produktion: Walhalla Mediengruppe, Regensburg
Umschlaggestaltung: grubergrafik, Augsburg
Printed in Germany
ISBN 978-3-8029-7222-5

Zur Walhalla Mediengruppe gehören die Marken WALHALLA, Deichmann+Fuchs, metropolitan und Annual Multimedia Award.

Schnellübersicht

Vorwort

Mit dem Vorhaben der Schaffung eines Sozialgesetzbuches war zunächst die Absicht vorhanden, das Sozialrecht durch Verringerung der Anzahl von Vorschriften durch einheitliche Begriffsfindung und Gesetzessystematik für den Bürger überschaubarer zu machen.

Dadurch, dass der allgemeine Teil des Sozialgesetzbuches (SGB I) vor die Klammer der anderen Bücher des Sozialgesetzbuches gezogen worden ist, hat sich bis zu einem gewissen Grad eine Vereinheitlichung des Gesetzesrechts ergeben.

Das SGB I gilt für alle Leistungsbereiche und stellt die Gleichbehandlung der Bürger sicher. Es regelt allgemeine Grundsätze für alle Sozialleistungen.

Kenntnisse des SGB I erleichtern das Verständnis der anderen Bücher des Sozialgesetzbuches.

Diese Einführungsausgabe zum SGB I soll Ihnen helfen, die wesentlichen Regelungen für das gesamte Sozialrecht zu verstehen. Praxisnah und verständlich werden die einzelnen Vorschriften des SGB I und ihre wesentlichen Auswirkungen auf die einzelnen Leistungsbereiche des SGB dargestellt.

Ziel ist es, dem Leser die Vorschriften des SGB I leicht und sicher zu erschließen.

Ralf Hauner

Abkürzungen

Abkürzung	Bedeutung
Abs.	Absatz
AG	Aktiengesellschaft
AltTZG	Altersteilzeitgesetz
Art.	Artikel
AufenthG	Aufenthaltsgesetz
BAföG	Bundesausbildungsförderungsgesetz
BEEG	Bundeselterngeld- und Elternzeitgesetz
BGB	Bürgerliches Gesetzbuch
BGSG	Bundesgrenzschutzgesetz
BKGG	Bundeskindergeldgesetz
BRD	Bundesrepublik Deutschland
bzw.	beziehungsweise
d. h.	das heißt
DSGVO	Datenschutz-Grundverordnung
eIDKG	eID-Karte-Gesetz
etc.	et cetera
EU	Europäische Union
ff.	fortfolgende
GG	Grundgesetz
HHG	Häftlingshilfegesetz
KVLG 1989	Zweites Gesetz über die Krankenversicherung der Landwirte
MD	Medizinischer Dienst
Nr.	Nummer
NRW	Nordrhein-Westfalen
OZG	Onlinezugangsgesetz
PAuswG	Personalausweisgesetz
P-Konto	Pfändungsschutzkonto
SEG	Soldatenentschädigungsgesetz
SGB	Sozialgesetzbuch
SGB I	Sozialgesetzbuch – Erstes Buch (Allgemeiner Teil)
SGB II	Sozialgesetzbuch – Zweites Buch (Bürgergeld, Grundsicherung für Arbeitsuchende)
SGB III	Sozialgesetzbuch – Drittes Buch (Arbeitsförderung)

Abkürzung	Bedeutung
SGB IV	Sozialgesetzbuch – Viertes Buch (Gemeinsame Vorschriften für die Sozialversicherung)
SGB IX	Sozialgesetzbuch – Neuntes Buch (Rehabilitation und Teilhabe von Menschen mit Behinderungen)
SGB V	Sozialgesetzbuch – Fünftes Buch (Gesetzliche Krankenversicherung)
SGB VI	Sozialgesetzbuch – Sechstes Buch (Gesetzliche Rentenversicherung)
SGB VII	Sozialgesetzbuch – Siebtes Buch (Gesetzliche Unfallversicherung)
SGB VIII	Sozialgesetzbuch – Achtes Buch (Kinder- und Jugendhilfe)
SGB X	Sozialgesetzbuch – Zehntes Buch (Sozialverwaltungsverfahren und Sozialdatenschutz)
SGB XI	Sozialgesetzbuch – Elftes Buch (Soziale Pflegeversicherung)
SGB XII	Sozialgesetzbuch – Zwölftes Buch (Sozialhilfe)
SGB XIV	Sozialgesetzbuch – Vierzehntes Buch (Soziale Entschädigung)
SGG	Sozialgerichtsgesetz
StrRehaG	Strafrechtliches Rehabilitierungsgesetz
u. a.	unter anderem
VwRehaG	Verwaltungsrechtliches Rehabilitierungsgesetz
WoGG	Wohngeldgesetz
z. B.	zum Beispiel
ZPO	Zivilprozessordnung

1 Aufgaben des Sozialgesetzbuchs und soziale Rechte

1

Grundsätze des SGB I

Das Sozialgesetzbuch (SGB) fasst alle wichtigen Bereiche des Sozialrechts in der Bundesrepublik Deutschland zusammen. Die meisten der einzelnen Bücher des SGB beschäftigen sich mit Teilbereichen, wie etwa der Kranken- oder der Rentenversicherung. Das SGB I umfasst die vor die Klammer gezogenen Regelungen, die für die besonderen Bücher des SGB gelten.

Der Erste Teil des SGB enthält die Grundsätze, auf die sich das soziale Recht der Bundesrepublik stützt. Er stellt die Ziele der Sozialgesetzgebung dar, welche u. a. die Verwirklichung von sozialer Sicherheit und sozialer Gerechtigkeit umfassen. Gleichzeitig definiert das SGB I, welche einzelnen Zweige des Sozialrechts es gibt, welche Leistungsträger für die Durchführung zuständig sind und welche Ansprüche aus den sozialen Rechten abgeleitet werden können.

Das SGB I umfasst vier Abschnitte:

- Erster Abschnitt: Aufgaben des Sozialgesetzbuches und soziale Rechte
- Zweiter Abschnitt: Einweisungsvorschriften – hier findet sich Allgemeines über Sozialleistungen und Leistungsträger
- Dritter Abschnitt: Gemeinsame Vorschriften für alle Sozialleistungsbereiche des SGB
- Vierter Abschnitt: Übergangs- und Schlussvorschriften

Das SGB I enthält nicht nur die Rechte der Bürger, sondern zählt auch deren Pflichten auf. Dazu gehören u. a. die Mitwirkungspflichten, die im Dritten Abschnitt geregelt sind.

Das soziale Recht unterteilt sich im Übrigen in Bereiche, die – teilweise – durch Mittel der Anspruchsberechtigten finanziert werden, und in solche, die durch Steuermittel finanziert werden. Die Verpflichtung, Beiträge zur Sozialversicherung zu zahlen, ist deshalb nicht im SGB I enthalten, sondern findet sich im SGB IV, das für alle Sozialversicherungsbereiche Anwendung findet. Die besonderen Vorschriften der Sozialversicherung stellen dabei den größten Teil des Sozialgesetzbuches dar.

Das SGB I gilt dagegen für alle Sozialleistungsbereiche. Um die anderen Teile des SGB verstehen zu können, sollte man zuerst die wichtigsten Bestimmungen des SGB I kennen. Bedeutungsvoll ist, dass die anderen Bücher des SGB die Grundsätze, die eben im SGB I enthalten sind, nicht mehr besonders regeln.

Allgemein wird das SGB I als das Grundgesetz des Sozialrechts betrachtet.

Aufgaben des Sozialgesetzbuches

Die Aufgaben des Sozialgesetzbuches werden in § 1 SGB I beschrieben. Dort heißt es, dass das Recht des SGB zur Verwirklichung sozialer Gerechtigkeit und sozialer Sicherheit Sozialleistungen einschließlich sozialer und erzieherischer Hilfen gestaltet.

Die Umsetzung des Sozialstaatsprinzips nach Art. 20 Abs. 1 GG in das einfache Recht erfolgt nicht allein, aber hauptsächlich im Sozialrecht. Das SGB soll insbesondere dazu beitragen, ein menschenwürdiges Dasein zu sichern, die Familie zu schützen und zu fördern. Besondere Belastungen des Lebens sollen, auch durch Hilfe zur Selbsthilfe, abgewendet oder ausgeglichen werden.

Die Hilfe zur Selbsthilfe wird insbesondere im Bereich der Sozialhilfe (SGB XII) sowie bei der Grundsicherung für Arbeitsuchende (SGB II) in den Vordergrund gestellt.

Nach § 1 Abs. 2 SGB I soll das Recht des SGB auch dazu beitragen, dass die zur Erfüllung der vorstehend genannten Aufgaben erforderlichen sozialen Dienste und Einrichtungen rechtzeitig und ausreichend zur Verfügung stehen.

Zum Begriff des Sozialrechts finden sich in § 1 SGB I keine direkten Aussagen. Die Vorschrift verwendet nicht einmal den Begriff des Sozialrechts. Zu unterscheiden sind dabei der formelle und materielle Sozialrechtsbegriff. Ersterer beschreibt die gesamte Rechtsmaterie, die sich im Sozialgesetzbuch verankert, der materielle Rechtsbegriff definiert seinen Inhalt und dabei ist das Sozialrecht in seinem Schwerpunkt ein Leistungsrecht.

Die sozialen Rechte

Die sozialen Rechte sind in § 2 SGB I geregelt, tatsächlich sind sie aber im gesamten SGB I verstreut geregelt. Viele Vorschriften beschäftigen sich mit diesen Rechten. Insbesondere gilt dies für die §§ 3 bis 10 SGB I. Dort werden die Ansprüche aus den einzelnen Sozialleistungsbereichen aufgezählt:

- Bildungs- und Ausbildungsförderung
- Sozialversicherung
- Soziale Entschädigung bei Gesundheitsschäden
- Minderung des Familienaufwands
- Zuschuss für eine angemessene Wohnung
- Kinder- und Jugendhilfe
- Sozialhilfe
- Teilhabe behinderter Menschen

Die sozialen Rechte sind die vom Grundgesetz geschützten Rechte des SGB. Sie sind die Grundlage aller Vorschriften des Sozialrechts, um die Erfüllung der sozialen Rechte zu gewährleisten.

In § 2 Abs. 1 SGB I heißt es dazu, dass zur Erfüllung der Aufgaben die nachfolgenden sozialen Rechte dienen. Diese Formulierung ist berechtigt, da Einzelheiten zu den sozialen Rechten eigentlich in § 1 SGB I enthalten sind. Zunächst ist aber zu beachten, dass aus den in den §§ 3 bis 10 SGB I aufgeführten sozialen Rechten Ansprüche nur insoweit hergeleitet werden können, als deren Voraussetzungen und Inhalt durch die Vorschriften der besonderen Teile des SGB im Einzelnen bestimmt sind. Mit Ausnahme des SGB IV und SGB X sind hiermit alle Bücher gemeint.

Die Bedeutung der sozialen Rechte wird durch § 2 Abs. 2 SGB I hervorgehoben. Hier wird bestimmt, dass die sozialen Rechte bei der Auslegung der Vorschriften des SGB und bei der Ausübung von Ermessen zu beachten sind. Dabei ist sicherzustellen, dass die sozialen Rechte möglichst weitgehend verwirklicht werden. Die Norm betrifft vor allem die Tätigkeit der Verwaltung und der Gerichte.

§ 3 SGB I beschäftigt sich mit der Bildungs- und Arbeitsförderung. Das Besondere daran ist, dass Absatz 1 dieser Vorschrift im SGB noch nicht realisiert worden ist. Wer nämlich an einer Ausbildung teilnimmt, die seiner Neigung, Eignung und Leistung entspricht, hat ein Recht auf individuelle Förderung seiner Ausbildung. Voraussetzung ist, dass die ihm hierfür erforderlichen Mittel nicht anderweitig zur Verfügung stehen.

Das Recht der Ausbildungsförderung ist nicht im SGB geregelt. Rechtsgrundlage hierfür ist das Bundesausbildungsförderungsgesetz (BAföG). Die Ausbildungsförderung nach § 1 BAföG soll vor allem der

Herstellung der Chancengleichheit Rechnung tragen und einen gewissen Ausgleich der Familienlasten bewerkstelligen.

Das BAföG ist nach § 68 Nr. 1 SGB I ein besonderer Teil des SGB. § 68 SGB I zählt die Gesetze und Vorschriften auf, die bis zu ihrer Einordnung in das SGB als dessen besondere Teile gelten. Ob und wann es tatsächlich zu einer Einordnung des Rechts der Ausbildungsförderung in das SGB – gegebenenfalls als eigenes Buch – kommt, ist derzeit allerdings offen.

In § 3 Abs. 2 Nr. 1 bis 4 SGB I sind die zentralen Tatbestände der Arbeitsförderung mit Ausnahme der Ausbildung (§ 56 SGB III) geregelt. Dabei werden alle Leistungen davon abhängig gemacht, dass der Antragsteller am Arbeitsleben teilnimmt oder teilnehmen will. Hier wird auch die Stellung der Arbeitsförderung zwischen der Sozialversicherung (§§ 24 ff. SGB III) und der Sozialförderung als einem eigenständigen Gebiet des Sozialrechts zum Ausdruck gebracht. Die Leistungen der Arbeitsförderung sind teils beitragsabhängig (§§ 136 ff. SGB III), teils beitragsunabhängig (§ 112 SGB III).

Nach § 4 Abs. 1 SGB I hat jeder im Rahmen des SGB ein Recht auf Zugang zur Sozialversicherung.

Die Sozialversicherung stellt den sozialpolitisch wichtigsten Teil des Sozialrechts dar. Die Sozialversicherung ist ein öffentlich-rechtlich organisiertes Vorsorgesystem, das auf Versicherungszwang beruhend dem sozialen Ausgleich dient und das überwiegend durch Beiträge finanziert wird, die nicht risiko-, sondern einkommensabhängig erhoben werden.

Die Sozialversicherung unterteilt sich in die Kranken-, Pflege-, Unfall- und Renten- und Arbeitslosenversicherung. § 4 Abs. 2 SGB I zählt auch die Alterssicherung für Landwirte auf. Diese ist allerdings bis jetzt nicht im SGB enthalten. Hier gilt das Gesetz über die Alterssicherung der Landwirte. Dieses ist nach § 68 Nr. 4 SGB I ein besonderer Teil des SGB. Dies gilt ebenfalls für das Zweite Gesetz über die Krankenversicherung der Landwirte (KVLG 1989), das die Krankenversicherung selbstständiger Landwirte und ihrer mitarbeitenden Familienangehörigen regelt. Das KVLG 1989 ist besonderer Teil des SGB I (§ 68 Nr. 6 SGB I).

Die Sozialversicherung ist folgenden Büchern des SGB geregelt:

- Gesetzliche Krankenversicherung (SGB V)
- Gesetzliche Rentenversicherung (SGB VI)

- Gesetzliche Unfallversicherung (SGB VII)
- Soziale Pflegeversicherung (SGB XI)
- Arbeitslosenversicherung (SGB III)

Die in §4 Abs. 2 Satz 1 Nr. 1 und 2 SGB I genannten Leistungen gliedern sich in zwei Untergruppen, nämlich Schutz, Erhalt, Besserung und Wiederherstellung von Gesundheit und Leistungsfähigkeit und zudem wirtschaftliche Sicherung bei Krankheit, Mutterschaft, Minderung der Erwerbsfähigkeit und Alter. Sie erstrecken sich auf den Bereich von Prävention, Rehabilitation und Teilhabe.

Allgemein wird die Arbeitsförderung auch als Teil der Sozialversicherung gesehen. Deshalb gilt das SGB IV, das das allgemeine Recht der Sozialversicherung regelt, im Wesentlichen auch für das SGB III, das Recht der Arbeitsförderung.

§5 SGB I beschäftigt sich mit der sozialen Entschädigung bei Gesundheitsschäden. Seit dem 01.01.2024 ist dies im SGB XIV geregelt. Die Soziale Entschädigung unterstützt Menschen, die durch ein schädigendes Ereignis eine gesundheitliche Schädigung erlitten haben, bei der Bewältigung der dadurch entstandenen Folgen. Insofern trägt die staatliche Gemeinschaft eine besondere Verantwortung. Geschädigte haben Anspruch auf Leistungen der Sozialen Entschädigung wegen der anerkannten gesundheitlichen und wirtschaftlichen Folgen einer gesundheitlichen Schädigung, die ursächlich auf ein schädigendes Ereignis zurückzuführen ist.

Als besondere Teile des SGB gelten nach §68 Nr. 7 SGB I Vorschriften aus anderen Gesetzen, die eine entsprechende Anwendung der Leistungsvorschriften des SGB XIV – bezogen auf Leistungsansprüche für sich selbst und seine Hinterbliebenen – vorsehen:

- §59 Abs. 1 des Gesetzes über den Bundesgrenzschutz (Bundesgrenzschutzgesetz – BGSG)
- die §§4 und 5 des Gesetzes über Hilfsmaßnahmen für Personen, die aus politischen Gründen außerhalb der Bundesrepublik Deutschland in Gewahrsam genommen wurden (Häftlingshilfegesetz – HHG)
- die §§21 und 22 des Gesetzes über die Rehabilitierung und Entschädigung von Opfern rechtsstaatswidriger Strafverfolgungsmaßnahmen im Beitrittsgebiet (Strafrechtliches Rehabilitierungsgesetz – StrRehaG)

- die §§3 und 4 des Gesetzes über die Aufhebung rechtsstaatswidriger Verwaltungsentscheidungen im Beitrittsgebiet und die daran anknüpfenden Folgeansprüche (Verwaltungsrechtliches Rehabilitierungsgesetz – VwRehaG)

§6 SGB I beschäftigt sich mit dem sozialen Recht „Minderung des Familienaufwands". Wer Kindern Unterhalt zu leisten hat oder leistet, hat ein Recht auf Minderung der dadurch entstehenden wirtschaftlichen Belastungen.

Dieser Familienlastenausgleich verfolgt das Ziel der Sicherung des Mindestbedarfs der Kinder. Dies regelt materiell vor allem das Bundeskindergeldgesetz (BKGG), das nach §68 Nr. 9 SGB I ebenfalls besonderer Teil des SGB ist.

Ergänzend hierzu ist auch das Bundeselterngeld- und Elternzeitgesetz (BEEG) zu betrachten. Der Anspruch auf Elterngeld – geregelt im ersten Abschnitt des BEEG – ist ein soziales Recht im Sinne des SGB I und damit auch der Sozialnorm nach §6 SGB I zuzuordnen. Der zweite Abschnitt des BEEG beschäftigt sich mit der Elternzeit und ist dem Arbeitsrecht und nicht dem Sozialrecht zuzuordnen.

Um den Anspruch auf einen Zuschuss für eine angemessene Wohnung geht es in §7 SGB I. Angesprochen werden die Aufwendungen, die dem Betroffenen nicht zugemutet werden können. Einzelheiten dazu regelt das Wohngeldgesetz (WoGG) als besonderer Teil des SGB (§68 Nr. 10 SGB I). Hier wird auch der Begriff der Angemessenheit einer Wohnung näher definiert. Das soziale Recht nach §7 SGB I beschränkt sich auf einen Zuschuss.

Als soziales Recht ist auch die Kinder- und Jugendhilfe verankert (§8 SGB I). Einzelheiten sind im SGB VIII geregelt. Nach einhelliger Rechtsauffassung der Praxis besteht für den Jugendlichen ein Rechtsanspruch nach §8 SGB I nicht, sofern Leistungen der Hilfe zur Erziehung nach den §§27 ff. SGB VIII verlangt werden. Innerhalb des Sozialrechts ist die Kinder- und Jugendhilfe vielfältig eingebunden, u. a. mit Schnittstellen zur Grundsicherung für Arbeitsuchende (SGB II) und der Sozialhilfe (SGB XII).

Hier ist auch §9 SGB I zu beachten, wonach die Sozialhilfe ein soziales Recht ist. Seit der Arbeitsmarktreform 2005 sind die Leistungen der Sozialhilfe von denen der Grundsicherung für Arbeitsuchende abzugrenzen. Die Grundsicherung für Arbeitsuchende befindet sich im SGB II und die Sozialhilfe im SGB XII.

Die Grundsicherung für Arbeitsuchende wendet sich an erwerbsfähige hilfebedürftige Personen mit gewöhnlichem Aufenthalt in Deutschland, also an Menschen, die unter den Bedingungen des allgemeinen Arbeitsmarkts mindestens drei Stunden täglich arbeiten können. Für Personen, für die dies wegen ihres Alters oder wegen einer dauerhaften vollen Erwerbsminderung nicht der Fall ist, wird die Existenzsicherung im Rahmen der Sozialhilfe gewährt – konkret durch die Grundsicherung im Alter und bei Erwerbsminderung.

Es werden verschiedene Arten der Sozialhilfe unterschieden:

- Hilfe zum Lebensunterhalt, § 27 SGB XII
- Grundsicherung im Alter und bei Erwerbsminderung, § 41 SGB XII
- Hilfen in besonderen Lebenslagen, §§ 47 ff. SGB XII

Um die Teilhabe von Menschen mit Behinderung geht es in § 10 SGB I. Danach haben Menschen, die körperlich, geistig oder seelisch behindert sind oder denen eine solche Behinderung droht, unabhängig von der Ursache der Behinderung bestimmte Ansprüche. Einzelheiten sind im SGB IX geregelt. Dort wiederum wird aber auf die Vorschriften der einzelnen Rehabilitationsträger verwiesen. Rehabilitationsträger sind:

- Gesetzliche Krankenkassen (SGB V)
- Bundesagentur für Arbeit (SGB III)
- Träger der gesetzlichen Unfallversicherung (SGB VII)
- Träger der gesetzlichen Rentenversicherung (SGB VI)
- Träger der Sozialen Entschädigung (SGB XIV) und Träger der Soldatenentschädigung nach dem Soldatenentschädigungsgesetz
- Träger der öffentlichen Jugendhilfe (SGB VIII)
- Träger der Eingliederungshilfe (SGB IX, 2. Teil)

Die Rehabilitationsträger haben die Aufgabe, die Leistungen zur medizinischen, beruflichen und sozialen Rehabilitation sowie zur Teilhabe zu erbringen. Sie müssen ihre Leistungen aufeinander abstimmen und gemeinsam koordinieren, damit Betroffene Leistungen zeitnah und in abgestimmter Form erhalten.

Fazit: Trotz der Zusammenfassung des Sozialrechts im SGB sind also noch viele soziale Rechte in Vorschriften außerhalb des SGB geregelt. Es wäre zukünftig sicher wünschenswert weitere Bücher des SGB zu schaffen, um die rechtliche Struktur zu vereinheitlichen. Solange jedoch nicht alle sozialen Rechte im SGB verankert sind, kann das Sozialrecht nicht vollständig mit dem Recht des SGB gleichgesetzt werden und umgekehrt.

2 Allgemeines zu Sozialleistungen und Leistungsträger

Leistungsarten und Leistungsträger

§ 11 SGB I beinhaltet die Leistungsarten. Diese Vorschrift leitet von den sozialen Rechten zu den einzelnen Sozialleistungen über.

Danach sind Gegenstand der sozialen Rechte die im SGB vorgesehenen Sozialleistungen:

- Dienstleistungen
- Sachleistungen
- Geldleistungen

Die persönliche und erzieherische Hilfe (insbesondere SGB VIII) zählt zu den Dienstleistungen. Ihr Spektrum reicht von der einfachen Auskunft (§ 15 SGB I) bis hin zu komplexen Prozessen, wie der Psychotherapie als ärztliche Leistung oder der Pflege bei Hilflosigkeit.

Die Einteilung in eine der drei Leistungsgruppen (Dienst-, Sach- und Geldleistungen) hat Bedeutung für die Anwendung einzelner Vorschriften des Allgemeinen Teils. So können nur Ansprüche auf Geldleistungen verzinst (§ 44 SGB I), aufgerechnet, verrechnet oder verpfändet werden (§§ 51–54 SGB I). Im weiteren Verlauf dieses Werkes wird dies noch ausführlicher behandelt.

Sachleistungen sind alle Leistungen, die in Natur gewährt werden, sog. Naturalleistungen. Das Grundmerkmal der Sachleistungen besteht in der Zurverfügungstellung von Sachen.

Sachleistungen können neben physischen Hilfsmitteln auch dienstleistungsbezogene Elemente enthalten. Im Gesundheitswesen umfasst dies beispielsweise nicht nur körperliche Hilfsmittel wie Rollstühle oder Kompressionsstrümpfe, sondern auch ärztliche Behandlungen, die Unterbringung in Kliniken oder die Versorgung mit Medikamenten. Sachleistungen werden üblicherweise in ambulante und stationäre Leistungen unterteilt. Zur stationären Versorgung zählen neben Krankenhausbehandlungen auch stationäre Rehabilitationsmaßnahmen.

Andere Beispiele außerhalb des Gesundheitsbereichs sind etwa im Bereich der sozialen Hilfen zu finden, wie Wohnraumhilfen oder Betreuungsleistungen.

Bei den Geldleistungen handelt es sich um Leistungen, die dazu dienen, den Ausfall von in der Regel Arbeitsentgelt oder Arbeitseinkommen zu kompensieren. Hierzu zählen unter anderem das Krankengeld, das Verletztengeld der Unfallversicherung, das Arbeitslosengeld sowie das Übergangsgeld während ambulanten oder stationären Rehabilitationsmaßnahmen.

Zudem sind alle Rentenarten, die nicht nur in der Rentenversicherung, sondern auch in der Unfallversicherung und im sozialen Entschädigungsrecht nach SGB XIV geregelt sind, umfasst. Weitere Beispiele sind Kinder- und Elterngeld oder das Wohngeld.

Von einer Geldleistung wird auch dann gesprochen, wenn der Leistungsberechtigte einen Kostenerstattungsanspruch hat, weil er sich eine Sach- oder Dienstleistung selbst beschaffen musste. Als Beispiel kann hier die selbstbeschaffte Haushaltshilfe im Recht der Krankenversicherung nach § 38 Abs. 4 SGB V genannt werden oder auch die selbstbeschaffte Fahrdienstleistung (z. B. Taxifahrten zu Arztterminen), wenn keine öffentliche Beförderung möglich ist.

Zum Teil werden Sozialleistungen nicht immer nur als reine Geld-, Sach- oder Dienstleistung erbracht. Manchmal bestehen Leistungen aus einer Kombination dieser Elemente. Beispielsweise können bei Kindern mit einer Behinderung schulische, medizinische und sozialpädagogische Leistungen zusammen erbracht werden, etwa Schulbegleitung, Assistenz und soziale Betreuung – also hier eine Kombination aus Leistungen der Kinder- und Jugendhilfe (SGB VIII) gekoppelt mit Leistungen der Eingliederungshilfe (SGB IX). In solchen Fällen bestimmt das vorherrschende oder wichtigste Element („Schwerpunkt der Leistung"), welchem Sozialrecht oder welchem Träger die Leistung rechtlich zuzuordnen ist. Beispielsweise kann eine Leistung sowohl materielle (Sachleistung) als auch beratende oder pflegerische Komponenten (Dienstleistung) enthalten. Entscheidend ist dann, welcher Teil überwiegt.

Bei den Leistungsarten gibt es noch weitere Unterscheidungen. So wird insbesondere im Recht der Sozialversicherung unterschieden:

- Regelleistungen
- Mehrleistungen
- Ermessensleistungen

Regelleistungen sind gesetzlich vorgeschriebene Pflichtleistungen. Eine Mehrleistung umfasst alle zusätzlichen Leistungen, die über eine Basissicherung hinausgehen, und kann sowohl Geld- als auch Sach- oder Dienstleistungsbausteine betreffen (z. B. erweiterte Betreuungs- oder Pflegeangebote, längere Leistungsdauer oder spezielle Beratungsangebote). Mehrleistungen können vom Sozialleistungsträger selbst unter bestimmten Voraussetzungen (Satzungsregelung) vorgesehen werden. Mehrleistungen, die über eine Satzungsregelung gesteuert werden, kennt u. a. das Recht der Krankenversicherung. Hier bestimmt der Sozialversicherungsträger in seiner Satzung die Voraussetzung und den Umfang dieser Mehrleistungen (z. B. Leistungsdauer für eine Haushaltshilfe über den gesetzlich vorgegebenen Mindestumfang hinaus).

Auf Ermessensleistungen wird an einer anderen Stelle noch ausführlicher eingegangen (siehe den Abschnitt „Grundsätze des Leistungsrechts – Der Ermessensbegriff" in Kapitel 4).

Nach § 12 SGB I sind für die Sozialleistungen die in den §§ 18 bis 29 SGB I genannten Leistungsträger zuständig. Die Abgrenzung, wer für welche Leistung zuständig ist, ergibt sich aus den speziellen Teilen des SGB, also aus den jeweiligen spezialgesetzlichen Regelungen für Kranken-, Renten-, Unfallversicherung usw.

Aufklärung, Beratung und Auskunft

Besonders wichtige Vorschriften enthalten die §§ 13 bis 15 SGB I. Diese befassen sich mit den Themen Aufklärung, Beratung und Auskunft.

Das SGB I legt für die übrigen Bücher des SGB die grundlegenden rechtlichen Regelungen zur Aufklärung, Beratung und Auskunft durch die Sozialleistungsträger fest. Diese Vorschriften sichern, dass alle Leistungsempfänger umfassend und verständlich über ihre Rechte und Pflichten informiert werden.

Die §§ 13 bis 15 SGB I regeln dabei:

- die Aufklärung (§ 13) als allgemeine Information an die Öffentlichkeit
- die Beratung (§ 14) als individuelle, speziell auf den jeweiligen Einzelfall bezogene Orientierung
- die Auskunft (§ 15) als verbindliche Beantwortung konkreter Fragen der Bürger.

§ 13 SGB I regelt die Aufklärungspflicht der Sozialleistungsträger, ihrer Verbände und der anderen öffentlich-rechtlichen Vereinigungen, die im SGB genannt sind. Diese sind verpflichtet, die Bevölkerung innerhalb ihres Zuständigkeitsbereichs allgemein über ihre sozialen Rechte und Pflichten gemäß dem SGB zu informieren. Aufklärung bedeutet eine generelle, nicht auf einzelne Personen bezogene Unterrichtung der Öffentlichkeit über die grundlegenden sozialrechtlichen Ansprüche und Verpflichtungen, z. B. über Plakate, Broschüren, Blogbeiträge im Internet.

Nach § 14 SGB I hat Jeder (in der Sozialversicherung: jeder Versicherte) Anspruch auf Beratung über seine Rechte und Pflichten nach dem SGB. Zuständig für die Beratung sind die jeweiligen Leistungsträger, also z. B. Krankenkassen, Rentenversicherung, Arbeitsagenturen – je nachdem, bei wem die Rechte geltend gemacht oder Pflichten erfüllt werden müssen. Das bedeutet, dass Pflegepersonen, die von der Versicherungspflicht in der Unfall- und Rentenversicherung sowie der Arbeitsförderung erfasst werden, sich an die Leistungsträger dieser Versicherungszweige wenden können, wenn sie Beratungsbedarf haben.

Nach § 15 SGB I sind die örtlichen und überörtlichen Behörden und Träger, die für die Durchführung der Sozialleistungen auf Landesebene zuständig sind (z. B. Sozialhilfeträger, Eingliederungshilfeträger, Jugendämter), die Träger der gesetzlichen Krankenversicherung und der sozialen Pflegeversicherung verpflichtet, über alle sozialen Angelegenheiten nach dem SGB Auskunft zu erteilen. Die Auskunftsstelle muss mitteilen, welche Behörde oder Einrichtung konkret zuständig ist. Die Auskunftspflicht erstreckt sich auch auf alle Sach- und Rechtsfragen, die für die Auskunftssuchenden von Bedeutung sein können und zu deren Beantwortung die Auskunftsstelle imstande ist. Dabei geht es nicht nur um die eigenen Leistungen des Trägers, sondern um das gesamte Sozialrecht. So muss beispielsweise die Person, die Auskunft im Sozialamt erteilt, den Ratsuchenden darauf hinweisen, wenn aufgrund der vorliegenden Umstände möglicherweise auch ein Anspruch auf Leistungen der Rentenversicherung bestehen könnte. Dies gehört zur Pflicht, umfassend über alle für den Betroffenen bedeutsamen Sozialleistungen und zuständigen Träger zu informieren, soweit die Stelle dazu in der Lage ist.

Die Auskunftsstellen sind verpflichtet, untereinander und mit den anderen Leistungsträgern mit dem Ziel zusammenzuarbeiten, eine möglichst umfassende Auskunftserteilung sicherzustellen. Häufig kann der Einzelne gar nicht überblicken, welche Sozialleistungen für ihn in Betracht kommen und an welchen Leistungsträger er sich wenden muss. Damit der Betroffene nicht von einer Institution an die nächste verwiesen wird und durch die Gliederung und Vielschichtigkeit des Sozialleistungssystems Nachteile erleidet, wurde dieses Kooperationsgebot in § 15 SGB I aufgenommen.

Folgen einer Pflichtverletzung

Die Träger haben die Pflicht, nicht nur richtige, sondern auch klare und sachdienliche Auskünfte zu erteilen, damit der Ratsuchende entsprechend disponieren kann. Diese Pflicht ergibt sich aus einem konkreten – z. B. durch einen Sozialleistungsantrag begründeten – Sozialrechtsverhältnis. Verletzt ein Leistungsträger diese Verpflichtung, wird der Ratsuchende so gestellt, als wäre das Verwaltungshandeln korrekt gewesen. Die Rechtsprechung hat dazu für den Fall, dass ein Träger falsch beraten (§ 14 SGB I) oder eine falsche Auskunft gegeben hat (§ 15 SGB I), das Instrument des „Sozialrechtlichen Herstellungsanspruches" entwickelt.

Aber: Der Ratsuchende darf sich auf eine unrichtige, missverständliche oder unvollständige Auskunft des Trägers nicht verlassen, wenn er hierzu vorsätzlich oder grob fahrlässig beigetragen hat. Er muss die Pflichtverletzung der Auskunftsstelle auch beweisen.

Die Verletzung allgemeiner Aufklärungspflichten nach § 13 SGB I kann nur in besonders gelagerten Ausnahmefällen einen sozialrechtlichen Herstellungsanspruch nach sich ziehen. Zu berücksichtigen ist nämlich, dass die Verpflichtung des Trägers zur allgemeinen Aufklärung nach § 13 SGB I darauf abzielt, die Allgemeinheit in genereller Form über grundlegende sozialrechtliche Sachverhalte zu informieren. Der Aufklärungspflicht des jeweiligen Trägers steht kein individueller Aufklärungsanspruch des einzelnen Versicherten gegenüber, der verletzt werden und zu einem individuellen Ausgleich im Wege des sozialrechtlichen Herstellungsanspruchs führen könnte.

Lediglich dann, wenn ein Träger allgemeine Informationen herausgegeben hat, diese aber irreführend oder fehlerhaft sind und zu einem nachteiligen Verhalten des einzelnen Versicherten führen, kann im Einzelfall ein sozialrechtlicher Herstellungsanspruch gegeben sein.

2

Leistungen auf Antrag und Zugang zu den Leistungen

Nach § 19 SGB IV werden Leistungen in der gesetzlichen Kranken- und Rentenversicherung, nach dem Recht der Arbeitsförderung sowie in der sozialen Pflegeversicherung auf Antrag erbracht, soweit sich aus den Vorschriften für die einzelnen Versicherungszweige nichts Abweichendes ergibt. Leistungen in der gesetzlichen Unfallversicherung werden grundsätzlich von Amts wegen erbracht, d. h. sie erfolgen in der Regel über die Unfallanzeige des Betriebs oder des Durchgangsarztes.

Wichtig ist hierbei § 16 SGB I. Danach sind Anträge beim zuständigen Leistungsträger zu stellen, also z. B. bei der Pflegekasse für Pflegeleistungen oder bei der Rentenversicherung für Rentenleistungen. Aber: Auch andere Stellen dürfen und müssen Anträge entgegennehmen, selbst wenn sie nicht zuständig sind. Dazu gehören:

- andere Sozialleistungsträger (z. B. Krankenkassen, Arbeitsagenturen)
- alle Gemeinden
- deutsche Auslandsvertretungen (z. B. Botschaften, Konsulate) für Personen, die sich im Ausland aufhalten.

Wenn ein Antrag beim falschen Leistungsträger oder bei der falschen Stelle (wie gerade genannt) eingeht, muss diese ihn sofort an die richtige Stelle weiterleiten.

Ist die Sozialleistung von einem Antrag abhängig, gilt der Antrag als zu dem Zeitpunkt gestellt, in dem er bei einer der unzuständigen Leistungsträger eingegangen ist. Es darf also keinen Nachteil aufgrund falscher Antragseinreichung geben.

Beispiel:

Es wird ein Antrag auf Leistungen zur medizinischen Rehabilitation bei einer Krankenkasse gestellt. Nach Prüfung der versicherungsrechtlichen Voraussetzungen stellt die Krankenkasse fest, dass der Rentenversicherungsträger für die Leistung der Rehabilitation zuständig ist. Die Krankenkasse ist verpflichtet, den Antrag unverzüglich (d. h. ohne schuldhaftes Zögern) an den zuständigen Träger der Rentenversicherung weiterzuleiten. Antragseinreichung war der Zeitpunkt, an dem der Antrag die Krankenkasse erreicht hat.

Des Weiteren sind die Leistungsträger nach § 17 SGB I verpflichtet, darauf hinzuwirken, dass

- jeder Berechtigte die ihm zustehenden Sozialleistungen in zeitgemäßer Weise, umfassend und zügig erhält,
- die zur Ausführung von Sozialleistungen erforderlichen sozialen Dienste und Einrichtungen rechtzeitig und ausreichend zur Verfügung stehen,
- der Zugang zu den Sozialleistungen möglichst einfach gestaltet wird, insbesondere durch Verwendung allgemein verständlicher Antragsvordrucke und
- ihre Verwaltungs- und Dienstgebäude frei von Zugangs- und Kommunikationsbarrieren sind und Sozialleistungen in barrierefreien Räumen und Anlagen ausgeführt werden.

§ 17 SGB I regelt also allgemein, wie Sozialleistungen auszuführen sind: Sozialleistungsträger müssen sicherstellen, dass alle berechtigten Personen ihre Sozialleistungen rechtzeitig, vollständig und umfassend erhalten. Durch die Vorschrift sollen Zugangs- und Kommunikationsbarrieren abgebaut bzw. beseitigt werden.

Wichtig: § 17 SGB I räumt dem Einzelnen kein direktes subjektives Recht ein. Bei einer Verletzung der Pflicht der Sozialleistungsträger zur ordnungsgemäßen Leistungserbringung kann der Bürger nur das Einschreiten der zuständigen Rechtsaufsichtsbehörde anregen.

Einzelne Sozialleistungen und deren Träger

§ 18 SGB I beschäftigt sich mit der Ausbildungsförderung. Die Regelung basiert auf dem sozialen Recht nach § 3 SGB I und ist in einem engen Zusammenhang mit § 19 Abs. 1 Nr. 3b bis 3d SGB I zu sehen. Leistungen der Ausbildungsförderung sind danach unterschiedlich geregelt, je nachdem, ob sie im schulischen oder hochschulischen Bereich oder zur Durchführung einer betrieblichen oder überbetrieblichen Ausbildung erbracht werden. § 18 SGB I ist dabei eine sogenannte Einweisungsvorschrift. Sie zeigt auf, dass es Leistungen zur Ausbildungsförderung gibt und wo man sie beantragen kann – ohne selbst die Details zu regeln. Diese sind dann im BAföG oder SGB III zu finden.

§ 19 SGB I zählt die Leistungen nach dem Recht der Arbeitsförderung auf. Die allgemeinen Grundsätze der Bildungs- und Arbeitsförderung sind in § 3 Abs. 2 Nr. 1–4 SGB I geregelt. Das Leistungsspektrum wird erst durch § 19 SGB I vervollständigt und in § 3 SGB III weiter konkretisiert. Dazu gehören aktive Arbeitsvermittlung und die Geldleistungen Arbeitslosen- und Insolvenzgeld.

§ 19a SGB I beschäftigt sich mit den Leistungen der Grundsicherung für Arbeitsuchende. Einzelheiten dazu werden im SGB II geregelt, welches wiederum Querverweise in die Vorschriften des SGB III und SGB XII enthält. Die Zuständigkeit teilt sich nach § 6 Satz 1 Nr. 1 und 2 SGB II zwischen der Bundesagentur für Arbeit und den kommunalen Trägern (Landkreise und kreisfreie Gemeinden) auf. Nach § 6d SGB II führen die gemeinsamen Einrichtungen nach § 44b SGB II und die zugelassenen kommunalen Träger nach § 6a SGB II die Bezeichnung Jobcenter.

§ 19b SGB I enthält die Leistungen bei gleitendem Übergang der Arbeitnehmer in den Ruhestand. Diese Ansprüche werden im Zusammenhang mit den sozialen Rechten nicht erwähnt. Einzelheiten regelt das Altersteilzeitgesetz (AltTZG). Die Vorschrift umfasst nur die Erstattungsansprüche von Arbeitgebern, welche auf der Grundlage eines Tarifvertrags Altersteilzeitverträge mit Arbeitnehmern geschlossen haben.

Mit den Leistungen der gesetzlichen Krankenversicherung beschäftigt sich § 21 SGB I. Die Leistungsinhalte dazu sind in den §§ 11 und 27 ff. SGB V geregelt. Davon gibt es allerdings eine wichtige Ausnahme: Die Krankenversicherung der Landwirte und ihrer Angehörigen wird im KVLG 1989 geregelt.

§ 21a SGB I beschäftigt sich mit den Leistungen der sozialen Pflegeversicherung. Nach § 21a Abs. 2 SGB I sind die bei den Krankenkassen errichteten Pflegekassen für die Durchführung der Pflegeversicherung zuständig. Die Leistungsinhalte der Pflegeversicherung werden im SGB XI näher definiert.

Die Leistungen bei Schwangerschaftsabbrüchen, welche in § 21b SGB I erwähnt werden, gehören zum Leistungskatalog der gesetzlichen Krankenversicherung. Maßgebend ist hier § 24b SGB V.

§ 22 SGB I befasst sich mit der gesetzlichen Unfallversicherung. Einzelheiten dazu regelt das SGB VII. Die gesetzliche Unfallversicherung ist zuständig bei Arbeitsunfällen und Berufskrankheiten. Nach § 22 Abs. 2 SGB I sind für die Unfallversicherung die gewerblichen Berufsgenossenschaften, die Sozialversicherung für Landwirtschaft, Forsten und Gartenbau als landwirtschaftliche Berufsgenossenschaft, die Gemeindeunfallversicherungsverbände, die Feuerwehr-Unfallkassen, die Unfallkassen der Länder und Gemeinden, die gemeinsamen Unfallkassen für den Landes- und kommunalen Bereich und die Unfallversicherung Bund und Bahn zuständig.

Um die Leistungen der gesetzlichen Rentenversicherung geht es in § 23 SGB I. Die Leistungsvoraussetzungen und der versicherte Personenkreis finden sich im SGB VI. Zuständig sind:

- in der allgemeinen Rentenversicherung die Regionalträger, die Deutsche Rentenversicherung Bund und die Deutsche Rentenversicherung Knappschaft-Bahn-See
- in der knappschaftlichen Rentenversicherung die Deutsche Rentenversicherung Knappschaft-Bahn-See
- in der Alterssicherung der Landwirte die Sozialversicherung für Landwirtschaft, Forsten und Gartenbau als landwirtschaftliche Alterskasse

Zudem wird in § 23 SGB I auch die Alterssicherung der Landwirte erwähnt. Diese ist allerdings in einem eigenen Gesetz, dem Gesetz über die Alterssicherung der Landwirte (ALG) geregelt. Diese Vorschrift bildet die Grundlage für die soziale Absicherung von Landwirten, ihren Ehepartnern und mitarbeitenden Familienangehörigen im Alter, bei Erwerbsminderung und im Todesfall.

Versorgungsleistungen bei Gesundheitsschäden (z. B. Opfer von Gewalttaten) werden in § 24 SGB I benannt. Einzelheiten dazu werden seit dem 01.01.2024 im SGB XIV geregelt. Hauptverantwortlich und damit zuständig sind die nach Bundesrecht oder Landesrecht bestimmten Träger der Sozialen Entschädigung, also in einigen Bundesländern die Landesämter oder die Versorgungsämter (§ 24 Abs. 2 SGB I). Bei der Durchführung der Krankenbehandlung wirken die Träger der gesetzlichen Krankenversicherung und bei der Durchführung der Hilfsmittelversorgung die Träger der gesetzlichen Unfallversicherung mit. Die Träger der Sozialen Entschädigung nutzen damit die Expertise und Versorgungsstrukturen der gesetzlichen Krankenversicherung und Unfallversicherung.

Es handelt sich um ein gesetzliches Auftragsgeschäft nach SGB X für die gesetzlichen Krankenkassen. Diese erhalten für die auftragsweise Durchführung einen Verwaltungskostenersatz.

Gemäß § 24a SGB I richtet sich die Entschädigung für Soldatinnen und Soldaten sowie frühere Soldatinnen und Soldaten nach dem Soldatenentschädigungsgesetz (SEG). Zuständig für die Durchführung ist die Bundeswehrverwaltung.

§ 25 SGB I beschäftigt sich mit dem Kindergeld und dem Elterngeld. Die Anspruchsvoraussetzungen für das Kindergeld sind im BKGG geregelt. Nach dem BKGG können auch der Kinderzuschlag und Leistungen für Bildung und Teilhabe (Bildungspaket) in Anspruch genommen werden, vgl. §§ 6a, 6b BKGG. Die Zuständigkeit liegt bei der Familienkasse der Bundesagentur für Arbeit.

Grundsätzlich kann für jedes Kind Elterngeld in Anspruch genommen werden, vgl. § 25 Abs. 2 SGB I.

Das Elterngeld kann im Zusammenhang mit dem Mutterschaftsgeld der gesetzlichen Krankenversicherung gesehen werden. Danach erfolgt die Zahlung von Elterngeld im unmittelbaren Anschluss an die Zahlung von Mutterschaftsgeld nach der Schutzfrist von acht bzw. zwölf Wochen nach der Geburt des Kindes. Die Landesregierungen oder die von ihnen beauftragten Stellen bestimmen die für die Ausführung dieses Gesetzes zuständigen Behörden. Zuständig ist die von den Ländern für die Durchführung dieses Gesetzes bestimmte Behörde des Bezirks, in dem das Kind, für das Elterngeld beansprucht wird, zum Zeitpunkt der ersten Antragstellung seinen inländischen Wohnsitz hat.

Wohngeld wird zwar in § 26 SGB I erwähnt, der Anspruch ist jedoch in einem Gesetz außerhalb des SGB geregelt, und zwar im Wohngeldgesetz (WoGG). Zuständig für die Auszahlung sind die nach Landesrecht bestimmten Behörden (oft Wohngeldstellen in den Kommunen).

§ 27 SGB I beschreibt verschiedene Hilfen und Angebote für Kinder, Jugendliche und ihre Familien, die nach dem Recht der Kinder- und Jugendhilfe (SGB VIII) in Anspruch genommen werden können:

- Jugendarbeit und Jugendsozialarbeit
- Maßnahmen zum erzieherischen Jugend- und Kinderschutz
- Förderung der Erziehung in der Familie
- Unterstützung für Kinder in Kindertagesstätten und Tagespflege
- Hilfe zur Erziehung
- Eingliederungshilfe für seelisch behinderte Kinder und Jugendliche
- Hilfe für junge Volljährige

Verantwortlich für diese Leistungen ist die öffentliche Jugendhilfe, also die Jugendämter (meist die Kreise und kreisfreien Städte), die dabei mit freien Trägern zusammenarbeiten.

§28 SGB I führt verschiedene Unterstützungsleistungen für Menschen auf, die ihren Lebensunterhalt nicht selbst sichern können, die im Recht der Sozialhilfe (SGB XII) weiter ausgeführt sind. Verantwortlich für die Gewährung dieser Leistungen sind hauptsächlich die Kreise, kreisfreien Städte und überörtliche Träger der Sozialhilfe, die mit freien Wohlfahrtsverbänden zusammenarbeiten.

§28a SGB I beinhaltet die Leistungen der Eingliederungshilfe. Zuständig ist der Träger der Eingliederungshilfe. Welche Behörde als Träger agiert, bestimmt sich nach Landesrecht. In einigen Bundesländern sind dies überörtliche Träger (z. B. Landschaftsverbände in NRW oder Bezirke in Bayern), teilweise auch die Kreise und kreisfreien Städte (örtliche Träger); sie arbeiten mit den Trägern der freien Wohlfahrtspflege zusammen. Zudem wirken Gesundheitsämter bei medizinischen Begutachtungen oder im Rahmen des Öffentlichen Gesundheitsdienstes mit.

Die Leistungen zur Rehabilitation und Teilhabe behinderter Menschen (§29 SGB I) werden im SGB IX näher beschrieben, u. a. mit Querverweisen in andere Bücher des SGB. Die Vorschrift des §29 SGB I enthält lediglich eine nicht abschließende Aufzählung der wichtigsten Leistungen zur Rehabilitation und Teilhabe, aufgeteilt in sechs Gruppen. Mit diesen sechs Gruppen orientiert sich die Vorschrift an den ausführlicheren Bestimmungen des SGB IX.

3 Gemeinsame Vorschriften für alle Sozialleistungsbereiche des SGB

3

Geltungsbereich

Das Sozialrecht ist vom Territorialprinzip beherrscht. Dies bedeutet, dass das SGB und seine Zuständigkeit an den Grenzen der Bundesrepublik Deutschland enden.

Dies ergibt sich aus § 30 Abs. 1 SGB I. Danach gelten die Vorschriften des SGB für alle Personen, die ihren Wohnsitz oder gewöhnlichen Aufenthalt in Deutschland haben.

Einen Wohnsitz hat jemand nach § 30 Abs. 3 SGB I dort, wo er eine Wohnung unter Umständen besitzt oder nutzt, die darauf schließen lassen, dass er dort dauerhaft oder regelmäßig wohnen will.

Dagegen hat jemand den gewöhnlichen Aufenthalt dort, wo er sich unter Umständen aufhält, die erkennen lassen, dass er an diesem Ort oder in diesem Gebiet nicht nur vorübergehend verweilt. Im Gegensatz zum Wohnsitz braucht man hier keine eigene Wohnung zu haben – wichtig ist, dass die Person tatsächlich längere Zeit an diesem Ort verbringt.

Die einzelnen Bücher des SGB sehen zu diesen Regelungen zahlreiche Ausnahmen vor. So kann z. B. in der Rentenversicherung eine Rente auch bei Wohnsitz im Ausland bezogen werden. Außerdem kennt die gesetzliche Krankenversicherung auch Leistungsansprüche im Ausland.

Nach § 4 SGB IV gelten die Vorschriften des deutschen Sozialrechts auch dann weiter, wenn ein Arbeitnehmer im Voraus zeitlich befristet von seinem inländischen Arbeitgeber ins Ausland entsandt wird, sog. Ausstrahlung.

Im umgekehrten Fall der Einstrahlung nach § 5 SGB IV gelten die Vorschriften des deutschen Sozialrechts nicht für Arbeitnehmer, die von ihrem ausländischen Arbeitgeber für eine im Voraus befristete Zeit nach Deutschland entsandt werden. Diese Arbeitnehmer bleiben nach den Vorschriften ihres Heimatlandes versichert.

Rechte und Pflichten

§ 31 SGB I benennt den Vorbehalt des Gesetzes. Das bedeutet, dass Rechte und Pflichten in den Sozialleistungsbereichen des SGB nur

- begründet,
- festgestellt,

- geändert oder
- aufgehoben

werden, soweit ein Gesetz es vorschreibt oder zulässt.

Nach herrschender Rechtsauffassung ist Gesetz im Sinne des § 31 SGB I zum einen das formelle Gesetz und zum anderen Verordnungen, Satzungen, Anordnungen, auch das Gewohnheitsrecht, nicht dagegen Verwaltungsvorschriften.

Die Sozialleistungsträger sind verpflichtet, sich an die gesetzlichen Vorschriften zu halten. Ist ein Bürger der Meinung, dass dies nicht geschieht, hat er die Möglichkeit, den Rechtsweg zu beschreiten. Einzelheiten zum Vorverfahren und Sozialgerichtswege sind im SGB X sowie im Sozialgerichtsgesetz enthalten (SGG).

§ 32 SGB I beinhaltet das Verbot nachteiliger Vereinbarungen. Das bedeutet: Privatrechtliche Vereinbarungen, also Verträge oder Absprachen, die von den Regeln des SGB abweichen und dabei für die Sozialleistungsberechtigten nachteilig sind, sind ungültig. Solche Verträge haben keine rechtliche Wirkung und sind von daher nicht zu beachten.

Beispiel:

Ein Arbeitgeber und ein Arbeitnehmer vereinbaren schriftlich, dass eine an sich sozialversicherungspflichtige Beschäftigung nicht der Sozialversicherung unterliegen soll.

Diese Vereinbarung ist wegen des Verstoßes gegen gesetzliche Vorschriften des SGB nichtig. Die gesetzlichen Vorschriften zur Versicherungspflicht sollen hier zum Nachteil des Arbeitnehmers ausgeschlossen werden. Diese Vereinbarung verstößt gegen § 32 SGB I, sodass der Arbeitnehmer sozialversicherungspflichtig ist und dementsprechend auch Beiträge abzuführen sind.

§ 33 SGB I soll sicherstellen, dass Sozialleistungen nicht starr und unflexibel angewandt werden, sondern dem Einzelfall und den Bedürfnissen der Menschen gerecht werden. Wenn Rechte oder Pflichten in den Vorschriften nicht genau festgelegt sind, müssen bei ihrer Umsetzung bestimmte Parameter betrachtet werden:

- die persönlichen Verhältnisse der betroffenen Person (z. B. Alter, Gesundheit, Familie)
- der konkrete Bedarf der Person

- die Leistungsfähigkeit der Person
- die örtlichen Verhältnisse (wo sie lebt oder sich aufhält)

Außerdem sollen die Wünsche der betroffenen Person, soweit sie angemessen sind, berücksichtigt werden. Konkret formuliert dies u. a. § 8 Abs. 1 SGB IX, wonach in bestimmten Fällen den berechtigten Wünschen der Leistungsberechtigten entsprochen wird. Berechtigt ist ein Wunsch nur, aber grundsätzlich immer dann, wenn ihm nach den Normen des Leistungsrechts entsprochen werden kann, siehe dazu auch § 2 Abs. 2 SGB XI. Danach soll Wünschen des Pflegebedürftigen zur Gestaltung der Hilfe, soweit sie angemessen sind, im Rahmen des Leistungsrechts entsprochen werden.

§ 33a SGB I befasst sich mit dem Alter von Leistungsberechtigten. Gerade bei Menschen, die im Ausland geboren sind, ist nicht immer klar, an welchem Tag bzw. in welchem Jahr sie geboren sind.

Der Tag der Geburt ist unter anderem im Bereich der Rentenversicherung von besonderer Bedeutung, da hier altersabhängige Renten gewährt werden.

Nach § 33a Abs. 1 SGB I ist das Geburtsdatum maßgebend, das sich aus der ersten Angabe des Berechtigten oder Verpflichteten oder seiner Angehörigen gegenüber einem Sozialleistungsträger ergibt. In bestimmten Fällen ist die erste Angabe gegenüber einem Arbeitgeber maßgebend. Von einem nach Absatz 1 maßgebenden Geburtsdatum darf nur abgewichen werden, wenn der zuständige Leistungsträger feststellt, dass

- ein Schreibfehler vorliegt oder
- sich aus einer Urkunde, deren Original vor dem Zeitpunkt der Angabe nach Absatz 1 ausgestellt worden ist, ein anderes Geburtsdatum ergibt.

Wichtig: Diese Ausführungen gelten nach § 33a Abs. 3 SGB I für Geburtsdaten, die Bestandteil der Versicherungsnummer oder eines anderen in den Sozialleistungsbereichen des SGB verwendeten Kennzeichens sind, entsprechend. Als Versicherungsnummer ist hier die Rentenversicherungsnummer gemeint.

§ 33b SGB I definiert, was im Sozialrecht unter einer Lebenspartnerschaft zu verstehen ist – nämlich eine eingetragene Lebenspartnerschaft nach dem Lebenspartnerschaftsgesetz (LPartG). Diese Vorschrift wurde eingeführt, um sicherzustellen, dass auch gleichgeschlechtliche Lebenspartner im Sozialrecht berücksichtigt werden. Seit dem 01.10.2017 können gleichgeschlechtliche Paare in Deutschland regulär heiraten. Neue Lebenspartnerschaften können seitdem nicht mehr begründet werden. § 33b SGB I hat noch insoweit Relevanz für Menschen, die weiterhin in einer eingetragenen Lebenspartnerschaft leben und diese nicht in eine Ehe umgewandelt haben.

§ 33c SGB I thematisiert das Benachteiligungsverbot. Danach darf bei der Inanspruchnahme sozialer Rechte niemand aus Gründen der Rasse, wegen seiner ethnischen Herkunft oder einer Behinderung benachteiligt werden. Eine Benachteiligung liegt vor, wenn eine Person im Hinblick auf die Diskriminierungsmerkmale des § 33c SGB I eine Beeinträchtigung im Recht erfährt. Es würde schon genügen, wenn die Inanspruchnahme eines sozialen Rechts zeitlich verzögert würde.

§ 34 SGB I regelt die Begrenzung von Rechten und Pflichten in sozialrechtlichen Fällen mit familienrechtlichem Bezug und die Aufteilung von Witwen- oder Witwerrenten bei mehreren Berechtigten.

Nach § 34 Abs. 1 SGB I wird zur Beurteilung eines familienrechtlichen Rechtsverhältnisses auch ausländisches Recht berücksichtigt, aber nur dann, wenn dieses ausländische Rechtsverhältnis dem deutschen Familienrecht vergleichbar ist. So wird verhindert, dass Rechtsverhältnisse aus anderen Ländern, die in Deutschland nicht anerkannt sind, zum Nachteil oder zur Ausweitung sozialer Ansprüche führen.

Wenn mehrere Ehegatten Anspruch auf eine Witwen- oder Witwerrente haben (z. B. bei mehreren Ehepartnern aufgrund einer polygamen Ehe nach ausländischem Recht), wird die Rente anteilig aufgeteilt und diese Aufteilung ist endgültig (§ 34 Abs. 2 SGB I).

Datenschutz/Sozialgeheimnis

Die Wahrung des Sozialgeheimnisses (§ 35 SGB I i. V. m. §§ 67 ff. SGB X) umfasst die Verpflichtung, auch innerhalb des Leistungsträgers sicherzustellen, dass die Sozialdaten nur Befugten zugänglich sind oder nur an diese weitergegeben werden. Die Sozialdaten und die ihnen gleichgestellten Betriebs- und Geschäftsgeheimnisse sind als Sozialgeheimnis zu wahren. Das Sozialgeheimnis funktioniert nach dem Prinzip des Verbotes mit Erlaubnisvorbehalt.

Den Begriff der Sozialdaten erläutert § 67 Abs. 2 SGB X. Danach sind Sozialdaten personenbezogene Daten (z. B. Name, Anschrift, Gesundheitszustand, Einkommen, Behinderungen), die im Zusammenhang mit sozialrechtlichen Aufgaben (wie Rentenversicherung, Arbeitsförderung, Eingliederungshilfe, Sozialhilfe usw.) bei Behörden oder Sozialleistungsträgern verarbeitet werden. Jeder hat Anspruch darauf, dass die ihn betreffenden Sozialdaten von den Leistungsträgern nicht unbefugt verarbeitet werden (Sozialgeheimnis, § 35 SGB I).

Den Sozialdaten gleichgestellt sind Betriebs- und Geschäftsgeheimnisse. Dies sind alle betriebs- und geschäftsbezogenen Daten, auch von juristischen Personen, die Geheimnischarakter haben.

Nach § 35 Abs. 1 SGB I dürfen die Sozialdaten nicht unbefugt verarbeitet werden (Verbot). Die Verarbeitung umfasst nach Art. 4 Nr. 2 DSGVO alle Formen des Umganges (Vorgänge) mit Sozialdaten von der Erhebung bis zur Löschung/Vernichtung. Insbesondere wird darauf hingewiesen, dass der Verarbeitungsbegriff auch die Übermittlung beinhaltet.

Ob und inwieweit eine Verarbeitung befugt geschehen kann, also erlaubt ist (Erlaubnisvorbehalt), bestimmt § 35 Abs. 2 SGB I, der auf die Sozialdatenschutzvorschriften des SGB X (§§ 67 ff.) verweist. Danach ist Verarbeitung von Sozialdaten nur erlaubt, wenn dies eines der Bücher des Sozialgesetzbuches ausdrücklich zulässt oder anordnet (§ 67a SGB X) oder der Betroffene eingewilligt hat (§ 67b Abs.2 SGB X). Zweck der Verarbeitung muss dabei sein die Erfüllung einer gesetzlichen Aufgabe nach dem SGB (§ 67c SGB X) – etwa die Feststellung von Leistungsansprüchen, Durchführung von Zahlungen, Prüfung von Voraussetzungen (z. B. Einkommen, Gesundheit).

Die Übermittlung von Sozialdaten an andere Stellen ist nur erlaubt, wenn das SGB es ausdrücklich erlaubt (z. B. zwischen Krankenkassen und Rentenversicherung) oder eine gesetzliche Pflicht dazu besteht. Ausführlich geregelt ist die Datenübermittlung in den §§ 67d – 69 SGB X.

Handlungsfähigkeit

§ 36 SGB I ist eine sehr wichtige Vorschrift in der Praxis der Sozialleistungsträger, sie behandelt die Handlungsfähigkeit. Wer das 15. Lebensjahr vollendet hat, kann Anträge auf Sozialleistungen stellen und verfolgen sowie Sozialleistungen entgegennehmen. Der Leistungsträger soll den gesetzlichen Vertreter über die Antragstellung und die erbrachten Sozialleistungen informieren. Dies ist nach herrschender Rechtsmeinung schriftlich vorzunehmen.

Die in § 36 Abs. 1 SGB I skizzierte Handlungsfähigkeit kann vom gesetzlichen Vertreter nach § 36 Abs. 2 SGB I durch schriftliche Erklärung eingeschränkt werden. Eine mündliche Erklärung ist hierzu nicht ausreichend. Als gesetzlicher Vertreter kommen in Betracht:

- die Eltern
- ein Vormund

Es ist gleichgültig, welcher Elternteil (wenn beide Elternteile am Leben sind) die entsprechende Einschränkung vornimmt. Bei nichtehelichen Kindern ist die Mutter der gesetzliche Vertreter. Im Übrigen sind gesetzliche Vertreter die Eltern gemeinsam.

§ 36 Abs. 2 Satz 2 SGB I schränkt die Handlungsfähigkeit des Minderjährigen, der das 15. Lebensjahr vollendet hat, noch etwas ein, auch ohne dass die obige Erklärung vom gesetzlichen Vertreter abgegeben wurde. Es wird hier nämlich bestimmt, dass der Zustimmung des gesetzlichen Vertreters bedürfen:

- die Rücknahme von Anträgen
- der Verzicht auf Sozialleistungen
- die Entgegennahme von Darlehen

Solange diese Zustimmung nicht erteilt ist, muss die entsprechende Handlung des Minderjährigen als schwebend unwirksam angesehen werden. Die Zustimmung kann sowohl vor als auch nach der jeweiligen Handlung abgegeben werden.

Nach § 36 Abs. 2 Satz 2 SGB I ist es nicht möglich die Zustimmung allgemein zu erteilen, sondern sie muss von Fall zu Fall gegeben werden.

Die Zustimmung kann schriftlich, aber auch mündlich (selbst telefonisch) erfolgen. Im Fall der mündlichen Erklärung empfiehlt sich aber eine schriftliche Festlegung durch den Versicherungsträger (Protokoll, Aktennotiz) und zwar mit Unterschrift des Betreffenden.

Die Rücknahme von Anträgen setzt voraus, dass rechtswirksame Anträge gestellt worden sind.

Elektronische Kommunikation

§ 36a SGB I erleichtert den elektronischen Schriftverkehr im Sozialrecht und stellt sicher, dass sichere und anerkannte Methoden zur

Nutzung elektronischer Dokumente angewandt werden, um echte und verbindliche Kommunikation zu gewährleisten.

Elektronische Dokumente dürfen übermittelt werden, wenn der Empfänger (z. B. Rentenversicherung, Krankenversicherung) einen Zugang dafür bereitstellt, z. B. ein Online-Portal.

Wo nach Gesetz die Einreichung eine „Schriftform" verlangt, kann diese auch elektronisch erfolgen, wenn das Dokument mit einer qualifizierten elektronischen Signatur versehen ist, oder man ein Online-Formular der Behörde nutzt und sich dabei elektronisch ausweist, z. B. mit:

- dem Personalausweis mit Online-Funktion
- der elektronischen Gesundheitskarte
- einer digitalen Identität
- oder über ein sicheres Nutzerkonto nach dem Onlinezugangsgesetz (OZG)

Eine normale Unterschrift auf Papier kann durch ein elektronisches Formular ersetzt werden, das die Behörde online oder auf einem Gerät anbietet, wenn die Identität des Nutzers sicher nachgewiesen wird (z. B. über elektronische Ausweise oder Gesundheitskarten).

Bei Problemen mit der elektronischen Übermittlung muss die Behörde den Absender informieren und alternativ eine andere Kommunikationsart anbieten.

4 Grundsätze des Leistungsrechts

Rechtsanspruch

Ein Leistungsberechtigter hat gemäß § 38 SGB I grundsätzlich einen Rechtsanspruch auf Sozialleistungen, also ein einklagbares Recht darauf, die Leistung zu erhalten, wenn die gesetzlichen Voraussetzungen erfüllt sind. Nur wenn in einem anderen, spezifischeren Buch des SGB ausdrücklich vorgesehen ist, dass der zuständige Leistungsträger „nach Ermessen" handeln darf, besteht kein fester Anspruch, sondern lediglich ein Anspruch auf eine pflichtgemäße Ermessensentscheidung.

Der Ermessensbegriff

Sind die Leistungsträger ermächtigt, bei der Entscheidung über Sozialleistungen nach ihrem Ermessen zu handeln, haben sie ihr Ermessen entsprechend dem Zweck der Ermächtigung auszuüben und die gesetzlichen Grenzen des Ermessens einzuhalten (§ 39 SGB I).

Dabei ist an zwei verschiedene Sachverhalte zu denken:

- Das Gesetz oder infolge einer Ermächtigung im Gesetz eine andere Rechtsvorschrift bestimmt, dass der Sozialleistungsträger eine Leistung im Rahmen seines Ermessens zu gewähren hat.
- Die Leistung ist zwar gesetzlich vorgeschrieben, jedoch gibt der Gesetzesinhalt dem Leistungsträger Spielraum bezüglich der Ausgestaltung.

Wichtig: Auf pflichtgemäße Ausübung des Ermessens besteht ein einklagbarer Anspruch.

Entstehen, Fälligkeit und Verjährung der Ansprüche

Nach § 40 SGB I entstehen Ansprüche auf Sozialleistungen, sobald ihre im Gesetz oder aufgrund eines Gesetzes bestimmten Voraussetzungen vorliegen. Dabei ist bei Ermessensleistungen der Zeitpunkt maßgebend, in dem die Entscheidung über die Leistung bekannt gegeben worden ist. Das gilt nicht, wenn in der Entscheidung ein anderer Zeitpunkt bestimmt wird.

Die wesentliche Bedeutung der Vorschrift besteht in dem Grundsatz, dass das Entstehen eines Anspruchs auf Sozialleistungen nicht davon abhängt, ob und wann der Sozialleistungsträger dessen Voraussetzungen feststellt. Es kommt vielmehr auf den Zeitpunkt an, an dem die gesetzlichen Voraussetzungen vorgelegen haben.

Wird etwa im Zusammenhang mit § 11 Abs. 5 SGB V zunächst Krankengeld geleistet und erst später das Vorliegen eines Arbeitsunfalls festgestellt, dann bestand der Anspruch gegenüber der Krankenkasse von Anfang nicht, denn für Leistungen, die durch einen Arbeitsunfall begründet werden, ist die gesetzliche Unfallversicherung zuständig. Der Anspruch ist also nicht erst mit dem Feststellungsbescheid durch die Berufsgenossenschaft entfallen.

Soweit die besonderen Teile des SGB keine anderslautende Regelung enthalten, werden Ansprüche auf Sozialleistungen mit ihrem Entstehen fällig (§ 41 SGB I).

Unter Fälligkeit ist derjenige Zeitpunkt zu verstehen, zu dem der Schuldner die konkrete Leistung bewirken muss und zu dem der Gläubiger sie frühestens fordern kann.

Als Beispiel kann hier die Fälligkeit der Rentenansprüche am Ende des Monats genannt werden, in dem sie entstanden sind (§ 118 Abs. 1 SGB VI).

Die Antwort auf die Frage, wann ein Leistungsanspruch entstanden ist, ist auch für die Verjährung des Anspruchs wichtig, siehe hierzu die Ausführungen zu § 45 SGB I.

Vorschüsse und vorläufige Leistungen

Mit der Möglichkeit, dass ein Leistungsträger Vorschüsse an den Leistungsberechtigten zahlt, bevor die eigentliche Sozialleistung zur Auszahlung gelangt, beschäftigt sich § 42 SGB I.

Besteht danach ein Anspruch auf Geldleistungen und ist zur Feststellung seiner Höhe voraussichtlich längere Zeit erforderlich, kann der zuständige Leistungsträger Vorschüsse zahlen. Die Höhe der Vorschüsse bestimmt der Leistungsträger nach pflichtgemäßem Ermessen.

Der Leistungsträger muss allerdings Vorschüsse zahlen, wenn der Berechtigte es beantragt. In diesem Fall beginnt die Vorschusszahlung spätestens nach Ablauf eines Kalendermonats nach Eingang des Antrags.

Beispiel:

Ein Versicherter hat wegen seiner Arbeitsunfähigkeit einen Anspruch auf Krankengeld gegenüber seiner Krankenkasse. Allerdings liegt die Verdienstbescheinigung zur Berechnung des Krankengelds vom Arbeitgeber noch nicht vor. In diesen Fällen kann der Versicherte einen Vorschuss auf das Krankengeld verlangen.

Die Vorschüsse sind auf die zustehende Leistung anzurechnen. Soweit sie diese übersteigen, sind sie vom Empfänger zu erstatten.

Für die Stundung, Niederschlagung und den Erlass des Erstattungsanspruchs gilt § 76 Abs. 2 SGB IV entsprechend (§ 42 Abs. 3 SGB I). Dieser Verweis bedeutet:

- **Stundung:** Die Behörde kann die Fälligkeit (den Zahlungstermin) aufschieben, wenn die sofortige Einziehung eine erhebliche Härte für den Schuldner bedeuten würde und der Anspruch dadurch nicht gefährdet wird. Stundung wird meist nur gegen Zinsen und Sicherheit gewährt.
- **Niederschlagung:** Die Behörde verzichtet vorläufig auf die Eintreibung eines Anspruchs. Der Anspruch erlischt also nicht, sondern wird nur „zur Akte gelegt". Eine Niederschlagung kommt insbesondere dann in Frage, wenn feststeht, dass die Einziehung keinen Erfolg haben wird (z. B. vollständige Zahlungsunfähigkeit) oder die Kosten der Einziehung in keinem Verhältnis zur Höhe des Anspruchs stehen – der Aufwand der Eintreibung (z. B. Inkasso- oder Gerichtskosten) also größer als der mögliche Ertrag ist.
- **Erlass:** Die Behörde kann auf den Anspruch ganz oder teilweise verzichten, wenn die weitere Durchsetzung im Einzelfall „unbillig" wäre (z. B. existenzgefährdende wirtschaftliche Notlage).

Ist zwischen mehreren Leistungsträgern streitig, wer zur Leistung verpflichtet ist, kann es unter bestimmten Voraussetzungen zur Zahlung vorläufiger Leistungen kommen (§ 43 SGB I). In Absatz 1 wird bestimmt, dass der zuerst angegangene Leistungsträger vorläufig Leistungen erbringt. Deren Umfang bestimmt sich nach pflichtgemäßem Ermessen. Er muss aber Leistungen erbringen, wenn der Berechtigte es beantragt. In diesem Fall beginnen die vorläufigen Leistungen spätestens nach Ablauf eines Kalendermonats nach Eingang des Antrags.

Beispiel:

Eine Person beantragt Leistungen zur medizinischen Rehabilitation bei ihrer Krankenkasse (GKV). Es ist aber unklar, ob dafür die GKV oder die Deutsche Rentenversicherung (DRV) zuständig ist.

Beide Leistungsträger (Krankenkasse und Rentenversicherung) geben sich gegenseitig die Zuständigkeit weiter: die Krankenkasse meint, die DRV sei zuständig; die DRV hält dagegen die Krankenkasse für zuständig. Währenddessen wartet die antragstellende Person auf ihre Reha-Leistung.

Damit die antragstellende Person nicht ohne Leistung bleibt, greift § 43 Abs. 1 SGB I – die Person hat grundsätzlich einen Anspruch auf die Reha-Leistung. Daher kann – und muss bei Antrag – die Krankenkasse, bei der der Antrag zuerst gestellt wurde, vorläufig leisten.

Später stellt sich heraus, dass tatsächlich die Rentenversicherung zuständig war. Dann greift das Erstattungsverfahren nach § 102 SGB X: die GKV kann von der DRV Erstattung der vorläufig gezahlten Leistungen verlangen.

Fazit: § 43 Abs. 1 SGB I soll Leistungsberechtigte davor schützen, zwischen Behördenzuständigkeitsstreitigkeiten „aufgerieben" zu werden.

Verzinsung

Die Verzinsungspflicht schützt den Leistungsberechtigten für den Fall, dass Geldleistungen (z. B. Arbeitslosengeld, Krankengeld) erst mit erheblicher Verzögerung ausgezahlt werden. Allerdings soll die Verwaltung eine gewisse Bearbeitungszeit haben, bevor Zinsen fällig werden. Darum läuft zunächst eine gesetzliche Wartefrist.

§ 44 Abs. 1 SGB I bestimmt daher, dass Ansprüche auf Geldleistungen nach Ablauf eines Kalendermonats nach dem Eintritt der Fälligkeit bis zum Ablauf des Kalendermonats vor der Zahlung mit 4 Prozent zu verzinsen sind.

Geldleistungen im Sinne des SGB sind alle Sozialleistungen, die ihrer Form nach in Geld erbracht werden. Dies gilt auch für Vorschüsse und andere Sozialleistungen vorläufiger Art. Eine aus einer Zahlung eines Geldbetrags bestehende Leistung ist auch dann eine Geldleistung, wenn sie ihrer Zweckbestimmung nach eine Dienst- oder Sachleistung ersetzt.

Leistungen, die nicht der Verwirklichung sozialen Rechts dienen, sind keine Sozialleistungen und damit auch keine Geldleistungen im Sinne des § 44 SGB I.

Der Begriff Sozialleistungen umfasst alle Vorteile, die nach den Vorschriften des SGB zur Verwirklichung sozialer Rechte dem Einzelnen zugutekommen sollen, nicht jedoch Leistungen, die zwischen den verschiedenen Leistungsträgern erbracht werden.

Geldleistungen im Sinne des SGB verlieren ihre Zweckbestimmung nicht durch eine Abtretung, Verpfändung oder Pfändung des zugrundeliegenden Anspruchs oder durch eine anderweitige Auszahlung desselben an Dritte. Auch für Ermessensleistungen gilt § 44 SGB I.

Die Verzinsung beginnt frühestens nach Ablauf von sechs Kalendermonaten nach Eingang des vollständigen Leistungsantrags beim zuständigen Leistungsträger (§ 44 Abs. 2 SGB I). Ein Leistungsantrag ist vollständig, wenn der Antragsteller alle Tatsachen angegeben hat, die für die Leistung erheblich sind, und auch etwa erforderliche Beweismittel bezeichnete. Auch ein Widerspruch oder eine Klage kann einen vollständigen Leistungsantrag enthalten.

Wenn kein Antrag nötig ist (etwa bei Nachzahlungen nach einem Überprüfungsverfahren oder bei von Amts wegen gewährten Leistungen), beginnt die Verzinsung einen Monat nach der Bekanntgabe der Entscheidung über die Leistung.

Hinsichtlich der in § 44 Abs. 2 SGB I angesprochenen Sechs-Monats-Frist ist zu beachten, dass es hier nicht auf den Ablauf von 28 bis 31 Tagen, sondern auf den Ablauf eines vollen kalendermäßig bezeichneten Monats ankommt. Die Verzinsung setzt immer Fälligkeit voraus.

Der Ablauf einer nach Kalendermonaten bemessenen Frist fällt stets auf den letzten Tag eines kalendermäßig bezeichneten Monats.

Beispiel:

Ein Antrag auf Rente geht am 03.02.2026 vollständig ein. Somit endet die Sechs-Monats-Frist am 31.08.2026. Zinsen entstehen erst ab September 2026, sofern die Leistung dann noch nicht gezahlt ist.

Verzinst werden nach § 44 Abs. 3 SGB I volle Euro-Beträge. Dabei ist der Kalendermonat mit 30 Tagen zugrunde zu legen. Der Verzinsung unterliegen alle Ansprüche auf Geldleistungen im Sinne des SGB.

§ 44 SGB I setzt kein Verschulden voraus. Die Verzinsung tritt allein aufgrund des Zeitablaufs ein – unabhängig davon, ob die Behörde schuldhaft verzögert hat oder nicht. Die Frist läuft auch weiter, wenn ein Rechtsstreit anhängig ist. Der Gesetzgeber wollte damit ein pauschales, verwaltungspraktikables System schaffen.

Wichtig: Zinseszinsen sind nicht zu zahlen (§§ 248 Abs. 1, 289 BGB).

Verjährung

Ansprüche auf Sozialleistungen können auch verjähren. Hier gilt § 45 SGB I. Danach verjähren Ansprüche auf Sozialleistungen in vier Jahren nach Ablauf des Kalenderjahres, in dem sie entstanden sind. Die Verjährungsfrist beginnt mit Beginn des Jahres, das auf die Fälligkeit nach § 41 SGB I folgt.

Nach § 45 Abs. 2 SGB I gelten für

- die Hemmung,
- die Ablaufhemmung,
- den Neubeginn und
- die Wirkung

der Verjährung die Vorschriften des Bürgerlichen Gesetzbuches (BGB).

Nach § 209 BGB wird der Zeitraum, während dessen die Verjährung gehemmt ist, in die Verjährungsfrist nicht eingerechnet.

Gehemmt ist die Verjährung so lange, als die Leistung gestundet oder der Verpflichtete (Leistungsträger) aus einem anderen Grund vorübergehend zur Verweigerung der Leistung berechtigt ist (§ 205 BGB). Ferner ist die Verjährung nach § 206 BGB gehemmt, solange der Gläubiger innerhalb der letzten sechs Monate der Verjährungsfrist durch höhere Gewalt an der Rechtsverfolgung verhindert ist.

Besondere – vom BGB abweichende – Verjährungsregelungen sieht § 45 Abs. 3 SGB I vor. Danach wird die Verjährung auch durch schriftlichen Antrag auf die Sozialleistung oder durch Erhebung eines Widerspruchs gehemmt. Die Hemmung endet sechs Monate nach Bekanntgabe der Entscheidung über den Antrag oder den Widerspruch.

Die Wirkung der Verjährung behandelt § 214 Abs. 1 BGB. Danach ist nach dem Eintritt der Verjährung der Verpflichtete (Leistungsträger) berechtigt, die Leistung zu verweigern.

Voraussetzung für das Eintreten der Verjährung ist somit die entsprechende Einrede. In diesem Zusammenhang regelt § 214 Abs. 2 BGB, dass das zur Befriedigung eines verjährten Anspruchs Geleistete nicht zurückgefordert werden kann, auch wenn die Leistung in Unkenntnis der Verjährung bewirkt worden ist.

Ein rechtskräftig festgestellter Anspruch verjährt nach § 197 Abs. 1 Nr. 3 BGB in 30 Jahren, auch wenn der Anspruch für sich einer kürzeren Verjährung unterliegt. Angesprochen sind hier insbesondere Ansprüche, die im Rahmen eines Sozialgerichtsverfahrens rechtskräftig festgestellt sind. Soweit der rechtskräftig festgestellte Anspruch künftig fällig werdende regelmäßig wiederkehrende Leistungen zum Inhalt hat, tritt an die Stelle der Verjährungsfrist von 30 Jahren die regelmäßige Verjährungsfrist.

Aus der Verweisung in § 45 Abs. 2 SGB I auf die Vorschriften des BGB über die Verjährung ist zu schließen, dass der Versicherungsträger jederzeit berechtigt ist, die Einrede zu erheben.

Hat der Leistungsträger durch sein Verhalten die verspätete Geltendmachung des Anspruchs verursacht, kann er unter dem Gesichtspunkt des sog. Folgebeseitigungsanspruchs oder des Grundsatzes von Treu und Glauben gezwungen sein, von der Erhebung der Verjährungseinrede abzusehen.

Verzicht auf Geldleistungen

Nach § 46 Abs. 1 SGB I kann auf Ansprüche auf Sozialleistungen durch schriftliche Erklärung gegenüber dem Leistungsträger verzichtet werden. Der Verzicht kann jederzeit mit Wirkung für die Zukunft widerrufen werden.

Wichtig: Der Verzicht ist unwirksam, soweit durch ihn andere Personen oder Leistungsträger belastet oder Rechtsvorschriften umgangen werden. Dadurch soll verhindert werden, dass andere Personen mit Unterhaltsansprüchen oder andere Sozialleistungsträger, insbesondere der Sozialhilfeträger, mit Leistungspflichten belastet werden.

Verzicht bedeutet, dass ein Leistungsanspruch an und für sich gegeben ist. Nach allgemeiner Ansicht wird davon ausgegangen, dass auch die Weigerung, einen Leistungsantrag zu stellen, unter Umständen einen Verzicht darstellen kann.

Der Verzicht ist eine einseitige, empfangsbedürftige Willenserklärung, auf die § 130 Abs. 1 und 3 BGB hinsichtlich des Zeitpunkts, wann eine solche Willenserklärung als „zugegangen" gilt, Anwendung findet.

Auszahlung von Geldleistungen an Dritte

Rechtsgrundlage für die Auszahlung an Dritte sind die §§ 47 bis 54 SGB I. Auch die §§ 56 bis 59 SGB I, die sich mit der Sonderrechtsnachfolge und der Vererbung von Sozialleistungen beschäftigen, gehören dazu.

Soweit es in den einzelnen Büchern des SGB keine gesonderte Regelung gibt, ist § 47 SGB I hinsichtlich der Auszahlung von Geldleistungen (z. B. Rente, Arbeitslosengeld, Sozialhilfeleistungen) anzuwenden. Danach ist die Geldleistung kostenfrei auf ein Konto des Berechtigten zu überweisen. Das Konto muss bei einem Kreditinstitut geführt werden, das innerhalb des Geltungsbereichs der EU-Verordnung Nr. 260/2012, also innerhalb des SEPA-Zahlungsraums, liegt.

Auf Wunsch des Leistungsberechtigten kann die Leistung auch an seinen Wohnsitz oder gewöhnlichen Aufenthalt im SEPA-Raum in anderer Weise als per Überweisung übermittelt werden (z. B. Postanweisung, Auszahlung über ein Zahlungsdienstleistungsunternehmen, Barscheck). Allerdings trägt dann der Leistungsberechtigte die Kosten; diese werden von der Leistung abgezogen.

Abweichende Regelungen über die Auszahlung finden sich insbesondere in § 119 SGB VI und § 99 SGB VII. Beispielsweise zahlen nach § 119 Abs. 1 SGB VI die Träger der allgemeinen Rentenversicherung die laufenden Geldleistungen mit Ausnahme des Übergangsgeldes durch die Deutsche Post aus.

§ 119 Abs. 4 SGB VI stellt allerdings klar, dass die Rentenversicherungsträger von ihrer Verantwortung gegenüber dem Leistungsberechtigten nicht entbunden werden. Die Deutsche Post AG erhält für ihre Tätigkeit von den Trägern der Rentenversicherung eine angemessene Vergütung (§ 119 Abs. 6 SGB VI).

§ 48 SGB I behandelt die Auszahlung der laufenden Geldleistungen bei Verletzung der Unterhaltspflicht des Versicherten. Geldleistungen, die der Sicherung des Lebensunterhalts dienen sollen, können in angemessener Höhe an den Ehegatten, den Lebenspartner oder die

Kinder des Leistungsberechtigten ausbezahlt werden, wenn er ihnen gegenüber seiner gesetzlichen Unterhaltspflicht nicht nachkommt.

Die Auszahlung der laufenden Geldleistungen kann auch an die Person oder Stelle erfolgen, die dem Ehegatten, dem Lebenspartner oder den Kindern Unterhalt gewährt.

Sonderregelungen gelten für Geldleistungen an Kinder. Hier werden Kindergeld, Kinderzuschläge und vergleichbare Rentenbestandteile angesprochen. Sie können an Kinder, die bei der Festsetzung der Geldleistungen berücksichtigt werden, bis zur Höhe des pfändbaren

Betrags ausgezahlt werden. Dies gilt für das Kindergeld selbst dann, wenn der Kindergeldberechtigte mangels Leistungsfähigkeit nicht unterhaltspflichtig ist oder nur Unterhalt zahlen kann, der geringer als das Kindergeld ist.

Aus der Rechtsprechung zu §48 SGB I ergibt sich, dass §48 Abs. 1 SGB I für alle laufenden Geldleistungen anzuwenden ist, die der Sicherung des Lebensunterhalts zu dienen bestimmt sind. Das gilt auch, wenn sie ohne Rücksicht auf den Familienstand des Berechtigten gezahlt werden.

Liegt ein Unterhaltstitel in Form eines rechtskräftigen Urteils vor, ist damit die gesetzliche Unterhaltspflicht im Sinne des § 48 SGB I sowohl bestimmt als auch gleichzeitig begrenzt. Für weitergehende Auszahlungsansprüche bleibt danach kein Raum mehr.

Dies gilt entsprechend, wenn für Kinder, denen gegenüber der Leistungsberechtigte nicht kraft Gesetzes unterhaltspflichtig ist, Geldleistungen erbracht werden und der Leistungsberechtigte dieser Geldleistungen keine Kinder unterhält. Nach §48 Abs. 2 SGB I ist allerdings erforderlich, dass die jeweilige Leistung wegen des betreffenden Kindes gewährt wird.

Die für eine Auszahlung nach §48 Abs. 1 SGB I vorzunehmende Beurteilung, ob der Leistungsberechtigte gegenüber seinem Ehegatten, dem Lebenspartner oder seinen Kindern unterhaltsverpflichtet ist, richtet sich nach den Vorschriften des BGB.

Fehlt es an einer bereits anderweitig erfolgten und bindenden Festlegung (Unterhaltstitel), hat der Leistungsträger selbst festzustellen, ob eine Unterhaltsverpflichtung des Leistungsberechtigten vorliegt.

Für die Ermittlung des unterhaltsrechtlichen Selbstbehalts des Leistungsberechtigten darf der Leistungsträger grundsätzlich von pauschalierten Werten ausgehen, wenn diese den Grundsätzen des materiellen Unterhaltsrechts entsprechen. Die Düsseldorfer Tabelle, die von den Familiengerichten entwickelt wurde, ist etwa eine wichtige Richtlinie zur Unterhaltsbemessung, die speziell den Kindesunterhalt und andere Unterhaltsarten regelt. Die Tabelle wird gewöhnlich zum Jahreswechsel angepasst, basierend auf der Mindestunterhaltsverordnung und weiteren Rechtsprechungen. Die Pfändungsfreibeträge nach der Tabelle zu §850c ZPO sind von einer Verwendung ausgenommen, da sie eigene, rechtlich verbindliche Tabellen für die Pfändungsschutzgrenzen darstellen und nicht einfach durch pauschale Werte ersetzt werden dürfen.

Im Verhältnis von Ehegatten, die beide über Einkommen verfügen, gilt grundsätzlich, dass der Ehegatte mit dem höheren Einkommen als unterhaltspflichtig anzusehen ist, da er mehr zum angemessenen Unterhalt der Familie beitragen kann. Dies entspricht der höchstrichterlichen Rechtsprechung. Ein Ehegatte oder Lebenspartner, der keinen finanziellen Beitrag leisten kann (z. B. wegen Erwerbsunfähigkeit wegen schwerer Krankheit), ist hinsichtlich einer Geldleistung meist nicht unterhaltspflichtig. Die generelle Unterhaltspflicht gemäß § 1360 BGB besteht jedoch weiterhin, insbesondere durch Naturalunterhalt, wie etwa die Führung des Haushalts. Wird einem Ehegatten die Haushaltsführung übertragen, erfüllt er damit in der Regel seine Verpflichtung, durch Arbeit zum Unterhalt der Familie beizutragen.

Auszahlung bei Unterbringung in einer Anstalt oder Einrichtung

Eine Auszahlung laufender Geldleistungen an andere sieht §49 SGB I vor. In §49 Abs. 1 SGB I wird der Fall geregelt, dass ein Leistungsberechtigter aufgrund richterlicher Anordnung länger als einen Kalendermonat in einer Anstalt oder Einrichtung untergebracht ist. Der Kalendermonat muss vollständig sein. In einem solchen Fall sind laufende Geldleistungen, die der Sicherung des Lebensunterhalts dienen (Krankengeld, Arbeitslosengeld oder Rente), an die Unterhaltsberechtigten auszuzahlen. Das gilt aber nur, soweit der Leistungsberechtigte kraft Gesetzes unterhaltspflichtig ist. Außerdem müssen er oder die Unterhaltsberechtigten die Überleitung beantragen.

Beantragen die Unterhaltsberechtigten die Auszahlung, ist ein eventuell entgegenstehender Wille des Leistungsberechtigten bedeutungslos.

§49 Abs. 1 SGB I sieht die Verpflichtung der Leistungsträger vor, die laufenden Geldleistungen an den Unterhaltsberechtigten auszuzahlen. Das bedeutet, dass kein Ermessen darüber besteht, ob eine Auszahlung an die Unterhaltsberechtigten zu erfolgen hat. Der Leistungsträger muss hier aber nicht von sich aus tätig werden. Voraussetzung für die Auszahlung ist der Antrag des Leistungs- oder des Unterhaltsberechtigten.

Ein Antrag ist auch im Fall des §48 SGB I zu stellen, da der Leistungsträger sonst keine Kenntnis von dem Vorliegen der Voraussetzungen des §48 SGB I erhält. Allerdings kann dieser Antrag auch von einer anderen Person oder Stelle gestellt werden.

Im Fall des §49 Abs. 1 SGB I ist hat der Leistungsträger nicht gesondert festzustellen, in welcher Höhe eine Auszahlung an den Unterhaltsberechtigten erfolgt. Vielmehr ist die gesamte Geldleistung auszuzahlen.

§49 Abs. 3 SGB I lässt die Vorschrift des §48 Abs. 1 Satz 4 SGB I unberührt. Dies bedeutet, dass auch im Fall des §49 SGB I die Auszahlung der Geldleistung an die Person oder Stelle erfolgen kann, die dem Ehegatten oder den Kindern Unterhalt gewährt.

§49 Abs. 2 SGB I entspricht der Vorschrift des §48 Abs. 2 SGB I. Das bedeutet, dass §49 Abs. 1 SGB I entsprechend gilt, wenn für Kinder, denen gegenüber der Leistungsberechtigte nicht kraft Gesetzes unterhaltspflichtig ist, Geldleistungen erbracht werden.

Liegen die Voraussetzungen des §49 Abs. 1 SGB I vor, ist es unter Umständen auch möglich, dass die laufenden Geldleistungen an die Stelle zu zahlen sind, der die Kosten der Unterbringung zur Last fallen (§50 Abs. 1 SGB I).

Die Ansprüche auf laufende Geldleistungen, die der Sicherung des Lebensunterhalts zu dienen bestimmt sind, kann die Stelle, der die Kosten der Unterbringung zur Last fallen, durch schriftliche Anzeige an den zuständigen Leistungsträger auf sich überleiten. Allerdings bewirkt eine solche Anzeige nach §50 Abs. 2 SGB I den Anspruchsübergang nur insoweit, als die Leistung nicht an Unterhaltsberechtigte oder die in §49 Abs. 2 SGB I genannten Kinder zu zahlen ist.

Voraussetzung für den Anspruchsübergang ist ferner, dass der Leistungsberechtigte die Kosten der Unterbringung zu erstatten hat und die Leistung auf den für die Erstattung maßgebenden Zeitraum entfällt. Hinsichtlich des Kinderbegriffs wird auf § 56 Abs. 1 Satz 1 Nr. 2, Abs. 2 SGB I verwiesen.

§ 50 Abs. 3 SGB I beschäftigt sich mit Fällen, in denen ein Kind aufgrund richterlicher Anordnung länger als einen Kalendermonat in einer Anstalt oder Einrichtung untergebracht ist. Das ergibt sich aus § 50 Abs. 3 SGB I und § 49 Abs. 1 SGB I.

Aufrechnung und Verrechnung

§ 51 SGB I beschäftigt sich mit der Aufrechnung gegen Ansprüche auf Geldleistungen. Hierunter ist die Tilgung einer Forderung mit einer anderen zu verstehen. Nach § 51 Abs. 1 SGB I kann der zuständige Leistungsträger gegen Ansprüche auf Geldleistungen mit Ansprüchen gegen den Berechtigten aufrechnen.

Voraussetzung ist natürlich, dass der zuständige Leistungsträger einen vollwirksamen und fälligen Anspruch (Gegenanspruch) gegen den Leistungsberechtigten hat. Es sind hierbei die im Privatrecht maßgeblichen §§ 387 bis 396 BGB entsprechend anzuwenden und es ist immer eine Ermessensentscheidung zu treffen.

Nach § 387 BGB kann jeder Beteiligte seine Forderung gegen die Forderung des anderen Beteiligten aufrechnen, wenn zwei Personen (gilt auch für juristische Personen) einander Leistungen schulden, die ihrem Gegenstand nach gleichartig sind.

Voraussetzung für die Aufrechnung ist, dass der Aufrechnende

- die ihm gebührende Leistung fordern und
- die ihm obliegende Leistung bewirken kann.

Die Bedingung, dass die Leistungen ihrem Gegenstand nach gleichartig sein müssen, bedeutet, dass es sich auch bei dem Anspruch des Leistungsträgers um eine Geldleistung handeln muss. Auch der Leistungsberechtigte kann gegenüber dem Sozialleistungsträger aufrechnen.

§ 51 Abs. 1 SGB I ist sowohl bei laufenden als auch bei einmaligen Geldleistungen anzuwenden.

Voraussetzung für die Aufrechnung nach § 51 SGB I ist allerdings, dass die Ansprüche auf Geldleistungen nach § 54 Abs. 2 und 3 SGB I pfändbar sind, d. h. im Sozialrecht ist eine Begrenzung der Aufrechnungsmöglichkeiten statuiert.

In § 51 Abs. 2 SGB I wird die Möglichkeit der Aufrechnung erweitert. Mit Ansprüchen auf Erstattung zu Unrecht erbrachter Sozialleistungen und mit Beitragsansprüchen nach diesem Gesetzbuch kann der zuständige Leistungsträger gegen Ansprüche auf laufende Geldleistungen bis zu deren Hälfte aufrechnen, wenn der Leistungsberechtigte nicht nachweist, dass er dadurch hilfebedürftig im Sinne der Vorschriften des SGB XII über die Hilfe zum Lebensunterhalt oder der Grundsicherung für Arbeitsuchende nach dem SGB II wird.

Gemäß § 52 SGB I kann der für eine Geldleistung zuständige Leistungsträger mit Ermächtigung eines anderen Leistungsträgers dessen Ansprüche gegen den Berechtigten mit der ihm obliegenden Geldleistung verrechnen. Voraussetzung ist lediglich, dass nach § 51 SGB I die Aufrechnung zulässig ist.

Nach allgemeiner rechtlicher Ansicht braucht die erwähnte Ermächtigung nicht ausdrücklich erklärt werden. Vielmehr ist diese Ermächtigung bereits in den Verrechnungsersuchen selbst zu sehen. In der Praxis findet die Verrechnung meist mit Beitragsrückständen statt.

Abtretung, Verpfändung und Pfändung

Ansprüche auf Dienst- und Sachleistungen (z. B. Krankenbehandlungen, Hilfsmittel, Eingliederungshilfen) dürfen weder übertragen noch verpfändet werden (§ 53 Abs. 1 SGB I). Diese Leistungen sind an die persönliche Situation und den individuellen Bedarf des Leistungsberechtigten gebunden. Sie können deshalb weder an Dritte abgetreten noch als Sicherheit (Pfand) eingesetzt werden.

Im Gegensatz dazu können Ansprüche auf Geldleistungen unter bestimmten Bedingungen übertragbar oder verpfändbar sein (§ 53 Abs. 2 und 3 SGB I).

Nach § 53 Abs. 2 SGB I ist die Abtretung und Verpfändung von Ansprüchen auf Geldleistungen nur bei Erfüllung bestimmter Voraussetzungen möglich

- zur Erfüllung oder Sicherung von Ansprüchen auf Rückzahlung von Darlehen sowie Erstattung von Aufwendungen, die im Vorgriff auf fällig gewordene Sozialleistungen zur angemessenen Lebensführung gegeben wurden, oder
- wenn der zuständige Leistungsträger feststellt, dass die Übertragung oder Verpfändung im wohlverstandenen Interesse des Berechtigten liegt.

Gemäß § 53 Abs. 3 SGB I können Ansprüche auf laufende Geldleistungen, die der Sicherung des Lebensunterhalts dienen (z. B. Krankengeld, Arbeitslosengeld, Rente), auch in anderen Fällen übertragen oder verpfändet werden, allerdings nur insoweit, als sie den pfändungsfreien Betrag gemäß der Tabelle zu § 850c ZPO übersteigen. Diese Regelung stellt sicher, dass der Sozialleistungsberechtigte trotz Abtretung oder Verpfändung weiterhin seinen Lebensunterhalt sichern kann.

§ 54 SGB I beschäftigt sich mit der Pfändung von Leistungen. Auch hier wird in Absatz 1 ausdrücklich vorgeschrieben, dass Ansprüche auf Dienst- oder Sachleistungen nicht gepfändet werden können.

Für einmalige Geldleistungen gelten besondere Einschränkungen nach § 54 Abs. 2 SGB I: Danach wird die Pfändung einer Billigkeitsprüfung unterzogen. Es wird eine Einzelfallabwägung vorgenommen, bei der die Einkommens- und Vermögensverhältnisse des Leistungsberechtigten berücksichtigt werden. Auch die Art des Anspruchs, die Höhe der Geldleistung und deren Zweckbestimmung sind maßgeblich. Die Billigkeitsklausel schützt mit dieser Abwägung der Gesamtumstände den Leistungsberechtigten vor unangemessener Pfändung. Die Entscheidung, ob die Pfändung zulässig ist, trifft in der Regel ein Vollstreckungsgericht.

Welche Ansprüche unpfändbar sind, ergibt sich aus § 54 Abs. 3 SGB I. Hier werden das Elterngeld, das Mutterschaftsgeld sowie das Wohngeld angesprochen. Außerdem geht es um Geldleistungen, die dafür bestimmt sind, den durch einen Körper- oder Gesundheitsschaden bedingten Mehraufwand auszugleichen. Diese in § 54 Abs. 3 SGB I genannten Leistungen sollen gerade nicht durch Pfändung reduziert werden, um die soziale Absicherung und die gesundheitliche sowie soziale Stabilität des Leistungsberechtigten zu gewährleisten.

Wichtig ist, dass im Übrigen Ansprüche auf laufende Geldleistungen wie Arbeitseinkommen gepfändet werden können (§ 54 Abs. 4 SGB I). Dies gilt für alle laufenden Geldleistungen und ist nicht beschränkt auf Geldleistungen, welche der Sicherung des Lebensunterhalts zu dienen bestimmt sind.

Maßgebend sind die §§ 850c und 850d ZPO. § 850c ZPO wurde zuletzt mit Wirkung ab dem 01.07.2025 geändert. Danach ist Arbeitseinkommen unpfändbar, wenn es, je nach dem Zeitraum, für den es gezahlt wird, nicht mehr als 1.555 Euro monatlich beträgt.

Gewährt der Schuldner (Leistungsberechtigte) aufgrund einer gesetzlichen Verpflichtung

- seinem Ehegatten/Lebenspartner
- einem früheren Ehegatten/Lebenspartner
- einem Verwandten oder
- nach den §§ 1615l und 1615n BGB einem Elternteil

Unterhalt, erhöht sich der Betrag, bis zu dessen Höhe Arbeitseinkommen unpfändbar ist.

Hat eine Person, welcher der Schuldner aufgrund gesetzlicher Verpflichtung Unterhalt gewährt, eigene Einkünfte, kann das Vollstreckungsgericht nach § 850c Abs. 6 ZPO auf Antrag des Gläubigers nach billigem Ermessen bestimmen, dass diese Person bei der Berechnung des unpfändbaren Teils des Arbeitseinkommens ganz oder teilweise unberücksichtigt bleibt.

Der Verbraucher kann mit Banken und Sparkassen vereinbaren, dass ein bereits bestehendes Girokonto als Pfändungsschutzkonto (P-Konto) geführt werden soll. Das Innehaben eines Girokontos als Pfändungsschutzkonto führt zum Bestehen eines automatischen Pfändungsschutzes in Höhe des Pfändungsfreibetrags nach § 850c ZPO; derzeit 1.555 Euro im Monat.

Sonderrechtsnachfolge

Das Recht der Sonderrechtsnachfolge ist in den §§ 56 bis 59 SGB I geregelt. Fällige Ansprüche auf laufende Geldleistungen stehen beim Tod des Berechtigten nacheinander bestimmten Personen zu (sog. Sonderrechtsnachfolge). Diese Regelung weicht von den erbrechtlichen Grundsätzen der Gesamtrechtsnachfolge nach den §§ 1922 ff. BGB ab.

Die Sonderrechtsnachfolge steht den

- Ehepartnern bzw. Lebenspartnern
- Kindern
- Eltern
- Haushaltsführern

zu, wenn diese mit dem Berechtigten zur Zeit seines Todes in einem gemeinsamen Haushalt gelebt haben oder von ihm wesentlich unterhalten worden sind. Mehreren Personen einer Gruppe stehen die Ansprüche zu gleichen Teilen zu.

Stiefkinder und Enkel müssen in den Haushalt des Berechtigten aufgenommen sein. Pflegekinder sind Personen, die mit dem Berechtigten durch ein auf längere Dauer angelegtes Pflegeverhältnis in häuslicher Gemeinschaft wie Kinder mit Eltern verbunden sind. Geschwister des Berechtigten müssen in seinen Haushalt aufgenommen sein. Dazu gehören auch Halbgeschwister.

Der Begriff Eltern spricht in erster Linie die leiblichen Eltern an. Nach § 56 Abs. 3 SGB I gelten als Eltern auch Großeltern, Urgroßeltern, Stiefeltern und Pflegeeltern.

Haushaltsführer ist nach § 56 Abs. 4 SGB I derjenige Verwandte oder Verschwägerte, der anstelle des verstorbenen oder geschiedenen oder an der Führung des Haushalts aus gesundheitlichen Gründen dauernd gehinderten Ehegatten oder Lebenspartners den Haushalt des Berechtigten mindestens ein Jahr lang vor dessen Tode geführt hat und von diesem überwiegend unterhalten worden ist.

Nach § 57 SGB I kann der nach § 56 SGB I Berechtigte auf die Sonderrechtsnachfolge innerhalb von sechs Wochen nach Kenntnis durch schriftliche Erklärung gegenüber dem Leistungsträger verzichten. Verzichtet er innerhalb dieser Frist, gelten die Ansprüche als auf ihn nicht übergegangen. Bei der Frist handelt es sich um eine Ausschlussfrist. Für die Berechnung der Frist verweist § 26 Abs. 1 SGB X auf die Fristenregelungen des BGB (§§ 187 bis 193 BGB).

Die Ansprüche stehen dann den Personen zu, die ohne den Verzichtenden nach § 56 SGB I berechtigt wären.

Soweit kein Verzicht geübt wird und somit Ansprüche auf den Sonderrechtsnachfolger übergegangen sind, haftet dieser für die nach dem SGB bestehenden Verbindlichkeiten des Verstorbenen gegenüber dem für die Ansprüche zuständigen Leistungsträger. Insoweit entfällt die Haftung des Erben.

§ 58 SGB I beschäftigt sich mit der Vererbung. Soweit nämlich fällige Ansprüche auf Geldleistungen nicht aufgrund der §§ 56 und 57 SGB I einem Sonderrechtsnachfolger zustehen, werden sie nach den Vorschriften des BGB vererbt.

Für Nachlassverbindlichkeiten (dazu gehören auch Forderungen der Sozialleistungsträger) haftet der Erbe (§ 1967 BGB). Der Fiskus als gesetzlicher Erbe (§ 1964 BGB) kann nach ausdrücklicher Vorschrift des § 58 Satz 2 SGB I die Ansprüche nicht geltend machen.

Die Erbberechtigung wird durch einen Erbschein ausgewiesen, den in der Regel das Nachlassgericht ausstellt. Für eine Leistungsgewährung an Erben ist die Vorlage eines solchen Erbscheins notwendig.

§ 59 SGB I befasst sich mit dem Ausschluss der beschriebenen Rechtsnachfolge. So erlöschen Ansprüche auf Dienst- und Sachleistungen (z. B. ärztliche Behandlung) mit dem Tod des Berechtigten. Hingegen erlöschen Ansprüche auf Geldleistungen (z. B. Rentenzahlung) nur, wenn sie im Zeitpunkt des Todes des Berechtigten weder festgestellt sind noch ein Verwaltungsverfahren über sie anhängig ist.

Mitwirkungspflichten des Leistungsberechtigten

Im Rahmen des Sozialrechts hat der Einzelne nicht nur Rechte, sondern auch Pflichten. Der Leistungsberechtigte ist zur Mitwirkung verpflichtet. Befolgt er diese Pflicht nicht, hat er bestimmte sozialrechtliche Nachteile zu befürchten.

Rechtsgrundlage für die Mitwirkungspflichten sind die §§ 60 bis 67 SGB I. Die Mitwirkungspflichten können unterschieden werden:

- Angabe von Tatsachen
- Persönliches Erscheinen
- Untersuchungen
- Heilbehandlungen
- Teilnahme an Leistungen zur Teilhabe am Arbeitsleben

Bezüglich der Angabe von Tatsachen bestimmt § 60 SGB I, dass derjenige, der Sozialleistungen beantragt oder erhält, alle Tatsachen anzugeben hat, die für die Leistung erheblich sind. Auf Verlangen des zuständigen Leistungsträgers hat er der Erteilung der erforderlichen Auskünfte durch Dritte zuzustimmen. Ferner hat er Änderungen in den Verhältnissen, die für die Leistung erheblich sind oder über die im Zusammenhang mit der Leistung Erklärungen abgegeben worden sind, unverzüglich mitzuteilen.

Soweit für die vorstehend genannten Angaben Vordrucke vorgesehen sind, sollen diese benutzt werden (§ 60 Abs. 2 SGB I).

§ 60 Abs. 1 Nr. 3 SGB I schreibt vor, dass derjenige, der Sozialleistungen beantragt oder erhält, auch die Beweismittel zu bezeichnen hat und auf Verlangen des zuständigen Leistungsträgers Beweisurkunden vorlegen muss oder ihrer Vorlage zuzustimmen hat.

In diesem Zusammenhang ist zu erwähnen, dass sich – im Hinblick auf die Leistungsgewährung – die Auskunftspflichten der Arbeitgeber aus § 98 SGB X, die der Angehörigen, Unterhaltspflichtigen oder sonstigen Personen aus § 99 SGB X ergeben. In § 100 SGB X ist die Auskunftspflicht des Arztes oder Angehörigen eines anderen Heilberufs gegenüber dem Leistungsträger geregelt. Weitere Einzelregelungen enthalten die einzelnen Bücher des SGB.

Das persönliche Erscheinen regelt § 61 SGB I. Wer Sozialleistungen beantragt oder erhält, soll auf Verlangen des zuständigen Leistungsträgers zur mündlichen Erörterung des Antrags oder zur Vornahme anderer für die Entscheidung über die Leistung notwendiger Maßnahmen persönlich erscheinen.

Nach der aktuellen Rechtsprechung erfordert die Mitwirkungspflicht nach § 61 SGB I eine unmissverständliche Aufforderung des Leistungsträgers zum persönlichen Erscheinen des Leistungsberechtigten. Außerdem muss der Leistungsträger schriftlich auf die möglichen Folgen einer unterlassenen Mitwirkung hinweisen.

Wer Sozialleistungen beantragt oder erhält, soll sich nach § 62 SGB I auf Verlangen des zuständigen Leistungsträgers ärztlichen oder psychologischen Untersuchungsmaßnahmen unterziehen, soweit diese für eine Entscheidung zur Leistungsgewährung erforderlich sind.

Untersuchungen sind alle Maßnahmen (z. B. Beobachtungen, Befragungen, Messungen, Entnahmen), die der Aufklärung leistungsrechtlich relevanter Merkmale dienen, soweit sie am Leistungsberechtigten selbst vorgenommen werden. Das Verlangen des Sozialleistungsträgers ist nicht als Verwaltungsakt zu definieren. Die Kosten der Untersuchung sind vom Sozialleistungsträger zu tragen.

In diesem Zusammenhang sei für die gesetzliche Krankenversicherung § 275 SGB V erwähnt. Dort werden Untersuchungen (Begutachtung und Beratung) durch den Medizinischen Dienst (MD) geregelt.

Wer einem Verlangen des zuständigen Leistungsträgers nach den §§ 61 oder 62 SGB I nachkommt, kann auf Antrag Ersatz seiner notwendigen Auslagen und seines Verdienstausfalls in angemessenem Umfang erhalten. Bei einem Verlangen des zuständigen Leistungsträgers nach § 61 SGB I (persönliches Erscheinen) sollen Aufwendungen nur in Härtefällen ersetzt werden. Vorstehendes gilt auch, wenn der zuständige Leistungsträger ein persönliches Erscheinen oder eine Untersuchung nachträglich als notwendig anerkennt.

Nach § 63 SGB I soll sich eine Person, die wegen Krankheit oder Behinderung Sozialleistungen beantragt oder erhält, auf Verlangen des zuständigen Leistungsträgers einer Heilbehandlung unterziehen.

Das gilt nur, wenn zu erwarten ist, dass sich ihr Gesundheitszustand durch die Behandlung verbessert oder zumindest nicht weiter verschlechtert. Nach Auffassung der Rechtsprechung muss die Besserung des Gesundheitszustands im Sinne des § 63 SGB I nicht ausschließlich an objektiven Maßstäben gemessen werden. Muss zwischen dem erstrebten Heilerfolg und einem damit verbundenen irreparablen Körperschaden abgewogen werden, darf der Leistungsträger nicht unbeachtet lassen, wie der Berechtigte selbst den Heilerfolg und den Körperschaden bewertet. Ist ein solcher Körperschaden nämlich möglich, muss der Betreffende sich einer Heilbehandlung nicht unterziehen.

Wer wegen der Minderung der Erwerbsfähigkeit, anerkannten Schädigungsfolgen oder wegen Arbeitslosigkeit Sozialleistungen beantragt oder erhält, soll auf Verlangen des zuständigen Leistungsträgers an Leistungen zur Teilhabe am Arbeitsleben teilnehmen (§ 64 SGB I). Voraussetzung ist, dass bei angemessener Berücksichtigung der beruflichen Neigung und der Leistungsfähigkeit des Betreffenden zu erwarten ist, dass die Maßnahme seine Erwerbs- oder Vermittlungsfähigkeit auf Dauer fördern oder erhalten wird.

Für die Mitwirkungspflichten gibt es Grenzen, welche in § 65 SGB I näher konkretisiert werden.

Nach § 65 Abs. 1 SGB I bestehen die Mitwirkungspflichten nach den §§ 60 bis 64 SGB I unter bestimmten Voraussetzungen nicht.

Die Möglichkeit des Leistungsträgers, sich durch einen geringeren Aufwand als der Antragsteller oder Leistungsberechtigte die notwendigen Kenntnisse selbst zu beschaffen, steht oftmals in Zusammenhang mit dem Anspruch des Leistungsträgers auf Amtshilfe gegenüber anderen Stellen. Maßgebend sind hier die §§ 3 bis 7 SGB X.

In § 66 SGB I geht es um die Rechtsfolgen bei einer fehlenden Mitwirkung. Kommt danach derjenige, der eine Sozialleistung beantragt oder erhält, seinen Mitwirkungspflichten nach den §§ 60 bis 62 SGB I nicht nach und wird dadurch die Aufklärung des Sachverhalts erheblich erschwert, kann der Leistungsträger die Leistungen versagen. Voraussetzung ist, dass die Bedingungen für die Leistung nicht nachgewiesen sind. In diesen Fällen kann der Leistungsträger die Leistung bis zur Nachholung der Mitwirkung nach § 67 SGB I ganz oder teilweise versagen oder entziehen.

Wichtig ist auch §66 Abs. 2 SGB I, der sich mit der ganzen oder teilweisen Leistungsversagung in den Fällen beschäftigt, in denen jemand der Aufforderung zur Teilnahme an einer Untersuchung, Heilbehandlung oder einer Maßnahme zur Teilhabe am Arbeitsleben nicht nachkommt. Eine Leistungsversagung ist nicht möglich, wenn eine der in §65 Abs. 2 SGB I aufgezählten Voraussetzungen vorliegt. So können beispielsweise Behandlungen und Untersuchungen abgelehnt werden, die einen erheblichen Eingriff in die körperliche Unversehrtheit bedeuten.

Eine Leistungsversagung kann in diesem Zusammenhang nur dann erfolgen, wenn unter Würdigung aller Umstände mit Wahrscheinlichkeit anzunehmen ist, dass wegen dieses Verstoßes die Arbeits-, Erwerbs- oder Vermittlungsfähigkeit beeinträchtigt oder nicht verbessert wird.

§66 Abs. 2 SGB I regelt die Konstellationen, in denen eine Aufforderung zur Untersuchung beim MD nicht befolgt wird.

Bei der Versagung oder dem Entzug von Sozialleistungen ist unbedingt §66 Abs. 3 SGB I zu beachten. Danach dürfen Sozialleistungen wegen fehlender Mitwirkung nur versagt oder entzogen werden, nachdem der Leistungsberechtigte auf diese Folge schriftlich hingewiesen worden ist und seiner Mitwirkungspflicht nicht innerhalb einer ihm gesetzten Frist nachgekommen ist. Es genügt hier nicht, dass der Sozialleistungsträger lediglich unter Wiedergabe des Gesetzestextes darauf hinweist, dass die Leistung ganz oder teilweise versagt werden könne, wenn die Versicherten ihrer Mitwirkungspflicht nicht nachkommen. Ein solcher Hinweis erfüllt nach der Rechtsprechung nicht die Anforderungen des §66 Abs. 3 SGB I, weil er nicht unmissverständlich und konkret die Entscheidung bezeichnet, die im Einzelfall beabsichtigt ist.

Ein rückwirkender Leistungsentzug wegen Verletzung der Mitwirkungspflichten ist nicht möglich.

Mit der Nachholung der Mitwirkung beschäftigt sich §67 SGB I. Wird die Mitwirkung nachgeholt und liegen die Leistungsvoraussetzungen vor, kann der Leistungsträger Sozialleistungen, die er nach §66 SGB I versagt oder entzogen hat, nachträglich ganz oder teilweise erbringen. Der Sozialleistungsträger hat hier nach pflichtgemäßem Ermessen zu entscheiden.

5 Gesetzliche Grundlagen

Sozialgesetzbuch (SGB) Erstes Buch (I)
– Allgemeiner Teil –
(SGB I)

Vom 11. Dezember 1975 (BGBl. I S. 3015)

Zuletzt geändert durch
Gesetz zur Anpassung des Sechsten Buches Sozialgesetzbuch und anderer Gesetze
(BT-Drucks. 21/1858)

Inhaltsübersicht

5

Artikel I
Allgemeiner Teil

Erster Abschnitt
Aufgaben des Sozialgesetzbuchs und soziale Rechte

§ 1 Aufgaben des Sozialgesetzbuchs

(1) 1Das Recht des Sozialgesetzbuchs soll zur Verwirklichung sozialer Gerechtigkeit und sozialer Sicherheit Sozialleistungen einschließlich sozialer und erzieherischer Hilfen gestalten. 2Es soll dazu beitragen,

- ein menschenwürdiges Dasein zu sichern,
- gleiche Voraussetzungen für die freie Entfaltung der Persönlichkeit, insbesondere auch für junge Menschen zu schaffen,
- die Familie zu schützen und zu fördern,
- den Erwerb des Lebensunterhalts durch eine frei gewählte Tätigkeit zu ermöglichen und
- besondere Belastungen des Lebens, auch durch Hilfe zur Selbsthilfe, abzuwenden oder auszugleichen.

(2) Das Recht des Sozialgesetzbuchs soll auch dazu beitragen, daß die zur Erfüllung der in Absatz 1 genannten Aufgaben erforderlichen sozialen Dienste und Einrichtungen rechtzeitig und ausreichend zur Verfügung stehen.

§ 2 Soziale Rechte

(1) 1Der Erfüllung der in § 1 genannten Aufgaben dienen die nachfolgenden sozialen Rechte. 2Aus ihnen können Ansprüche nur insoweit geltend gemacht oder hergeleitet werden, als deren Voraussetzungen und Inhalt durch die Vorschriften der besonderen Teile dieses Gesetzbuchs im einzelnen bestimmt sind.

(2) Die nachfolgenden sozialen Rechte sind bei der Auslegung der Vorschriften dieses Gesetzbuchs und bei der Ausübung von Ermessen zu beachten; dabei ist sicherzustellen, daß die sozialen Rechte möglichst weitgehend verwirklicht werden.

§ 3 Bildungs- und Arbeitsförderung

(1) Wer an einer Ausbildung teilnimmt, die seiner Neigung, Eignung und Leistung entspricht, hat ein Recht auf individuelle Förderung seiner Ausbildung, wenn ihm die hierfür erforderlichen Mittel nicht anderweitig zur Verfügung stehen.

(2) Wer am Arbeitsleben teilnimmt oder teilnehmen will, hat ein Recht auf

1. Beratung bei der Wahl des Bildungswegs und des Berufs,
2. individuelle Förderung seiner beruflichen Weiterbildung,
3. Hilfe zur Erlangung und Erhaltung eines angemessenen Arbeitsplatzes und
4. wirtschaftliche Sicherung bei Arbeitslosigkeit und bei Zahlungsunfähigkeit des Arbeitgebers.

§ 4 Sozialversicherung

(1) Jeder hat im Rahmen dieses Gesetzbuchs ein Recht auf Zugang zur Sozialversicherung.

(2) 1Wer in der Sozialversicherung versichert ist, hat im Rahmen der gesetzlichen Kranken-, Pflege-, Unfall- und Rentenversicherung einschließlich der Alterssicherung der Landwirte ein Recht auf

1. die notwendigen Maßnahmen zum Schutz, zur Erhaltung, zur Besserung und zur Wiederherstellung der Gesundheit und der Leistungsfähigkeit und
2. wirtschaftliche Sicherung bei Krankheit, Mutterschaft, Minderung der Erwerbsfähigkeit und Alter.

2Ein Recht auf wirtschaftliche Sicherung haben auch die Hinterbliebenen eines Versicherten.

§ 5 Soziale Entschädigung

1Wer einen Gesundheitsschaden erleidet, für dessen Folgen die staatliche Gemeinschaft in Abgeltung eines besonderen Opfers oder aus anderen Gründen nach Grundsätzen des Sozialen Entschädigungsrechts einsteht, hat ein Recht auf

1. die notwendigen Maßnahmen zur Erhaltung, zur Besserung und zur Wiederherstellung der Gesundheit und der Leistungsfähigkeit und
2. angemessene wirtschaftliche Versorgung.

2Ein Recht auf angemessene Leistungen der Sozialen Entschädigung haben auch die Hinterbliebenen eines Geschädigten.

§ 6 Minderung des Familienaufwands

Wer Kindern Unterhalt zu leisten hat oder leistet, hat ein Recht auf Minderung der dadurch entstehenden wirtschaftlichen Belastungen.

§ 7 Zuschuß für eine angemessene Wohnung

Wer für eine angemessene Wohnung Aufwendungen erbringen muß, die ihm nicht zugemutet werden können, hat ein Recht auf Zuschuß zur Miete oder zu vergleichbaren Aufwendungen.

§ 8 Kinder- und Jugendhilfe

1Junge Menschen und Personensorgeberechtigte haben im Rahmen dieses Gesetzbuchs ein Recht, Leistungen der öffentlichen Jugendhilfe in Anspruch zu nehmen. 2Sie sollen die Entwicklung junger Menschen fördern und die Erziehung in der Familie unterstützen und ergänzen.

§ 9 Sozialhilfe

$_{1}$Wer nicht in der Lage ist, aus eigenen Kräften seinen Lebensunterhalt zu bestreiten oder in besonderen Lebenslagen sich selbst zu helfen, und auch von anderer Seite keine ausreichende Hilfe erhält, hat ein Recht auf persönliche und wirtschaftliche Hilfe, die seinem besonderen Bedarf entspricht, ihn zur Selbsthilfe befähigt, die Teilnahme am Leben in der Gemeinschaft ermöglicht und die Führung eines menschenwürdigen Lebens sichert. $_{2}$Hierbei müssen Leistungsberechtigte nach ihren Kräften mitwirken.

§ 10 Teilhabe behinderter Menschen

Menschen, die körperlich, geistig oder seelisch behindert sind oder denen eine solche Behinderung droht, haben unabhängig von der Ursache der Behinderung zur Förderung ihrer Selbstbestimmung und gleichberechtigten Teilhabe ein Recht auf Hilfe, die notwendig ist, um

1. die Behinderung abzuwenden, zu beseitigen, zu mindern, ihre Verschlimmerung zu verhüten oder ihre Folgen zu mildern,
2. Einschränkungen der Erwerbsfähigkeit oder Pflegebedürftigkeit zu vermeiden, zu überwinden, zu mindern oder eine Verschlimmerung zu verhüten sowie den vorzeitigen Bezug von Sozialleistungen zu vermeiden oder laufende Sozialleistungen zu mindern,
3. ihnen einen ihren Neigungen und Fähigkeiten entsprechenden Platz im Arbeitsleben zu sichern,
4. ihre Entwicklung zu fördern und ihre Teilhabe am Leben in der Gesellschaft und eine möglichst selbständige und selbstbestimmte Lebensführung zu ermöglichen oder zu erleichtern sowie
5. Benachteiligungen auf Grund der Behinderung entgegenzuwirken.

Zweiter Abschnitt
Einweisungsvorschriften

Erster Titel
Allgemeines über Sozialleistungen und Leistungsträger

§ 11 Leistungsarten

$_{1}$Gegenstand der sozialen Rechte sind die in diesem Gesetzbuch vorgesehenen Dienst-, Sach- und Geldleistungen (Sozialleistungen). $_{2}$Die persönliche und erzieherische Hilfe gehört zu den Dienstleistungen.

§ 12 Leistungsträger

$_{1}$Zuständig für die Sozialleistungen sind die in den §§ 18 bis 29 genannten Körperschaften, Anstalten und Behörden (Leistungsträger). $_{2}$Die Abgrenzung ihrer Zuständigkeit ergibt sich aus den besonderen Teilen dieses Gesetzbuchs.

§ 13 Aufklärung

Die Leistungsträger, ihre Verbände und die sonstigen in diesem Gesetzbuch genannten öffentlich-rechtlichen Vereinigungen sind verpflichtet, im Rahmen ihrer Zuständigkeit die Bevölkerung über die Rechte und Pflichten nach diesem Gesetzbuch aufzuklären.

§ 14 Beratung

$_{1}$Jeder hat Anspruch auf Beratung über seine Rechte und Pflichten nach diesem Gesetzbuch. $_{2}$Zuständig für die Beratung sind die Leistungsträger, denen gegenüber die Rechte geltend zu machen oder die Pflichten zu erfüllen sind.

§ 15 Auskunft

(1) Die nach Landesrecht zuständigen Stellen, die Träger der gesetzlichen Krankenversicherung und der sozialen Pflegeversicherung sind verpflichtet, über alle sozialen Angelegenheiten nach diesem Gesetzbuch Auskünfte zu erteilen.

(2) Die Auskunftspflicht erstreckt sich auf die Benennung der für die Sozialleistungen zuständigen Leistungsträger sowie auf alle Sach- und Rechtsfragen, die für die Auskunftsuchenden von Bedeutung sein können und zu deren Beantwortung die Auskunftsstelle imstande ist.

(3) Die Auskunftsstellen sind verpflichtet, untereinander und mit den anderen Leistungsträgern mit dem Ziel zusammenzuarbeiten, eine möglichst umfassende Auskunftserteilung durch eine Stelle sicherzustellen.

(4) Die Träger der gesetzlichen Rentenversicherung sollen über Möglichkeiten zum Aufbau einer staatlich geförderten zusätzlichen Altersvorsorge produkt- und anbieterneutral Auskünfte erteilen.

§ 16 Antragstellung

(1) $_{1}$Anträge auf Sozialleistungen sind beim zuständigen Leistungsträger zu stellen. $_{2}$Sie werden auch von allen anderen Leistungsträgern, von allen Gemeinden und bei Personen, die sich im Ausland aufhalten, auch von den amtlichen Vertretungen der Bundesrepublik Deutschland im Ausland entgegengenommen.

(2) $_{1}$Anträge, die bei einem unzuständigen Leistungsträger, bei einer für die Sozialleistung nicht zuständigen Gemeinde oder bei einer amtlichen Vertretung der Bundesrepublik Deutschland im Ausland

gestellt werden, sind unverzüglich an den zuständigen Leistungsträger weiterzuleiten. 2Ist die Sozialleistung von einem Antrag abhängig, gilt der Antrag als zu dem Zeitpunkt gestellt, in dem er bei einer der in Satz 1 genannten Stellen eingegangen ist.

(3) Die Leistungsträger sind verpflichtet, darauf hinzuwirken, daß unverzüglich klare und sachdienliche Anträge gestellt und unvollständige Angaben ergänzt werden.

§ 17 Ausführung der Sozialleistungen

(1) Die Leistungsträger sind verpflichtet, darauf hinzuwirken, daß

1. jeder Berechtigte die ihm zustehenden Sozialleistungen in zeitgemäßer Weise, umfassend und zügig erhält,
2. die zur Ausführung von Sozialleistungen erforderlichen sozialen Dienste und Einrichtungen rechtzeitig und ausreichend zur Verfügung stehen,
3. der Zugang zu den Sozialleistungen möglichst einfach gestaltet wird, insbesondere durch Verwendung allgemein verständlicher Antragsvordrucke und
4. ihre Verwaltungs- und Dienstgebäude frei von Zugangs- und Kommunikationsbarrieren sind und Sozialleistungen in barrierefreien Räumen und Anlagen ausgeführt werden.

(2) 1Menschen mit Hörbehinderungen und Menschen mit Sprachbehinderungen haben das Recht, bei der Ausführung von Sozialleistungen, insbesondere auch bei ärztlichen Untersuchungen und Behandlungen, in Deutscher Gebärdensprache, mit lautsprachbegleitenden Gebärden oder über andere geeignete Kommunikationshilfen zu kommunizieren. 2Die für die Sozialleistung zuständigen Leistungsträger sind verpflichtet, die durch die Verwendung der Kommunikationshilfen entstehenden Kosten zu tragen. 3§ 5 der Kommunikationshilfenverordnung in der jeweils geltenden Fassung gilt entsprechend.

(2a) § 11 des Behindertengleichstellungsgesetzes gilt in seiner jeweils geltenden Fassung bei der Ausführung von Sozialleistungen entsprechend.

(3) 1In der Zusammenarbeit mit gemeinnützigen und freien Einrichtungen und Organisationen wirken die Leistungsträger darauf hin, daß sich ihre Tätigkeit und die der genannten Einrichtungen und Organisationen zum Wohl der Leistungsempfänger wirksam ergänzen. 2Sie haben dabei deren Selbständigkeit in Zielsetzung und Durchführung ihrer Aufgaben zu achten. 3Die Nachprüfung zweckentsprechender Verwendung bei der Inanspruchnahme öffentlicher Mittel bleibt unberührt. 4Im übrigen ergibt sich ihr Verhältnis zueinander aus den besonderen Teilen dieses Gesetzbuchs; § 97 Abs. 1 Satz 1 bis 4 und Abs. 2 des Zehnten Buches findet keine Anwendung.

(4) 1Die Leistungsträger arbeiten mit den Betreuungsbehörden bei der Erfüllung ihrer Aufgaben zur Vermittlung geeigneter Hilfen zur Betreuungsvermeidung zusammen. 2Soziale Rechte dürfen nicht deshalb abgelehnt, versagt oder eingeschränkt werden, weil ein rechtlicher Betreuer nach § 1814 Absatz 1 des Bürgerlichen Gesetzbuchs bestellt worden ist oder bestellt werden könnte.

Zweiter Titel
Einzelne Sozialleistungen und zuständige Leistungsträger

§ 18 Leistungen der Ausbildungsförderung

(1) Nach dem Recht der Ausbildungsförderung können Zuschüsse und Darlehen für den Lebensunterhalt und die Ausbildung in Anspruch genommen werden.

(2) Zuständig sind die Ämter und die Landesämter für Ausbildungsförderung nach Maßgabe der §§ 39, 40, 40a und 45 des Bundesausbildungsförderungsgesetzes.

§ 19 Leistungen der Arbeitsförderung

(1) Nach dem Recht der Arbeitsförderung können in Anspruch genommen werden:

1. Berufsberatung und Arbeitsmarktberatung,
2. Ausbildungsvermittlung und Arbeitsvermittlung,
3. Leistungen
   a) zur Aktivierung und beruflichen Eingliederung,
   b) zur Berufswahl und Berufsausbildung,
   c) zur beruflichen Weiterbildung,
   d) zur Aufnahme einer Erwerbstätigkeit,
   e) zum Verbleib in Beschäftigung,
   f) der Teilhabe behinderter Menschen am Arbeitsleben,
4. Arbeitslosengeld, Teilarbeitslosengeld, Arbeitslosengeld bei Weiterbildung und Insolvenzgeld.

(2) Zuständig sind die Agenturen für Arbeit und die sonstigen Dienststellen der Bundesagentur für Arbeit.

§ 19a Leistungen der Grundsicherung für Arbeitsuchende

(1) Nach dem Recht der Grundsicherung für Arbeitsuchende können in Anspruch genommen werden

1. Leistungen zur Eingliederung in Arbeit,
2. Leistungen zur Sicherung des Lebensunterhalts.

(2) 1Zuständig sind die Agenturen für Arbeit und die sonstigen Dienststellen der Bundesagentur für Arbeit, sowie die kreisfreien Städte und Kreise, soweit durch Landesrecht nicht andere Träger bestimmt sind. 2In den Fällen des § 6a des Zweiten Buches ist abweichend von Satz 1 der zugelassene kommunale Träger zuständig.

§ 19b Leistungen bei gleitendem Übergang älterer Arbeitnehmer in den Ruhestand

(1) Nach dem Recht der Förderung eines gleitenden Übergangs älterer Arbeitnehmer in den Ruhestand können in Anspruch genommen werden:

1. Erstattung der Beiträge zur Höherversicherung in der gesetzlichen Rentenversicherung und der nicht auf das Arbeitsentgelt entfallenden Beiträge zur gesetzlichen Rentenversicherung für ältere Arbeitnehmer, die ihre Arbeitszeit verkürzt haben.
2. Erstattung der Aufstockungsbeträge zum Arbeitsentgelt für die Altersteilzeitarbeit.

(2) Zuständig sind die Agenturen für Arbeit und die sonstigen Dienststellen der Bundesagentur für Arbeit.

§ 20 (weggefallen)

§ 21 Leistungen der gesetzlichen Krankenversicherung

(1) Nach dem Recht der gesetzlichen Krankenversicherung können in Anspruch genommen werden:

1. Leistungen zur Förderung der Gesundheit, zur Verhütung und zur Früherkennung von Krankheiten,
2. bei Krankheit Krankenbehandlung, insbesondere
   a) ärztliche und zahnärztliche Behandlung,
   b) Versorgung mit Arznei-, Verband-, Heil- und Hilfsmitteln,
   c) häusliche Krankenpflege und Haushaltshilfe,
   d) Krankenhausbehandlung,
   e) medizinische und ergänzende Leistungen zur Rehabilitation,
   f) Betriebshilfe für Landwirte,
   g) Krankengeld,
3. bei Schwangerschaft und Mutterschaft ärztliche Betreuung, Hebammenhilfe, stationäre Entbindung, häusliche Pflege, Haushaltshilfe, Betriebshilfe für Landwirte, Mutterschaftsgeld,
4. Hilfe zur Familienplanung und Leistungen bei durch Krankheit erforderlicher Sterilisation und bei nicht rechtswidrigem Schwangerschaftsabbruch.

(2) Zuständig sind die Orts-, Betriebs- und Innungskrankenkassen, die Sozialversicherung für Landwirtschaft, Forsten und Gartenbau als landwirtschaftliche Krankenkasse, die Deutsche Rentenversicherung Knappschaft-Bahn-See und die Ersatzkassen.

§ 21a Leistungen der sozialen Pflegeversicherung

(1) Nach dem Recht der sozialen Pflegeversicherung können in Anspruch genommen werden:

1. Leistungen bei häuslicher Pflege:
   a) Pflegesachleistung,
   b) Pflegegeld für selbst beschaffte Pflegehilfen,
   c) häusliche Pflege bei Verhinderung der Pflegeperson,
   d) Pflegehilfsmittel und technische Hilfen,
2. teilstationäre Pflege und Kurzzeitpflege,
3. Leistungen für Pflegepersonen, insbesondere
   a) soziale Sicherung und
   b) Pflegekurse,
4. vollstationäre Pflege.

(2) Zuständig sind die bei den Krankenkassen errichteten Pflegekassen.

§ 21b Leistungen bei Schwangerschaftsabbrüchen

(1) Nach dem Fünften Abschnitt des Schwangerschaftskonfliktgesetzes können bei einem nicht rechtswidrigen oder unter den Voraussetzungen des § 218a Abs. 1 des Strafgesetzbuches vorgenommenen Abbruch einer Schwangerschaft Leistungen in Anspruch genommen werden.

(2) Zuständig sind die Orts-, Betriebs- und Innungskrankenkassen, die Sozialversicherung für Landwirtschaft, Forsten und Gartenbau als landwirtschaftliche Krankenkasse, die Deutsche Rentenversicherung Knappschaft-Bahn-See und die Ersatzkassen.

§ 22 Leistungen der gesetzlichen Unfallversicherung

(1) Nach dem Recht der gesetzlichen Unfallversicherung können in Anspruch genommen werden:

1. Maßnahmen zur Verhütung von Arbeitsunfällen, Berufskrankheiten und arbeitsbedingten Gesundheitsgefahren und zur Ersten Hilfe sowie Maßnahmen zur Früherkennung von Berufskrankheiten und arbeitsbedingten Gesundheitsgefahren,
2. Heilbehandlung, Leistungen zur Teilhabe am Arbeitsleben und andere Leistungen zur Erhaltung, Besserung und Wiederherstellung der Erwerbsfähigkeit sowie zur Erleichterung der Verletzungsfolgen einschließlich wirtschaftlicher Hilfen,
3. Renten wegen Minderung der Erwerbsfähigkeit,

4. Renten an Hinterbliebene, Sterbegeld und Beihilfen,
5. Rentenabfindungen,
6. Haushaltshilfe,
7. Betriebshilfe für Landwirte.

(2) Zuständig sind die gewerblichen Berufsgenossenschaften, die Sozialversicherung für Landwirtschaft, Forsten und Gartenbau als landwirtschaftliche Berufsgenossenschaft, die Gemeindeunfallversicherungsverbände, die Feuerwehr-Unfallkassen, die Unfallkassen der Länder und Gemeinden, die gemeinsamen Unfallkassen für den Landes- und kommunalen Bereich und die Unfallversicherung Bund und Bahn.

5

§ 23 Leistungen der gesetzlichen Rentenversicherung einschließlich der Alterssicherung der Landwirte

(1) Nach dem Recht der gesetzlichen Rentenversicherung einschließlich der Alterssicherung der Landwirte können in Anspruch genommen werden:

1. in der gesetzlichen Rentenversicherung:
   a) Leistungen zur Prävention, Leistungen zur medizinischen Rehabilitation, Leistungen zur Teilhabe am Arbeitsleben, Leistungen zur Nachsorge sowie sonstige Leistungen zur Teilhabe einschließlich wirtschaftlicher Hilfen,
   b) Renten wegen Alters, Renten wegen verminderter Erwerbsfähigkeit und Knappschaftsausgleichsleistung,
   c) Renten wegen Todes,
   d) Witwen- und Witwerrentenabfindungen sowie Beitragserstattungen,
   e) Zuschüsse zu den Aufwendungen für die Krankenversicherung,
   f) Leistungen für Kindererziehung.
2. in der Alterssicherung der Landwirte:
   a) Leistungen zur Prävention, Leistungen zur medizinischen Rehabilitation, Leistungen zur Nachsorge sowie ergänzende und sonstige Leistungen zur Teilhabe einschließlich Betriebs- oder Haushaltshilfe,
   b) Renten wegen Erwerbsminderung und Alters,
   c) Renten wegen Todes,
   d) Beitragszuschüsse,
   e) Betriebs- und Haushaltshilfe oder sonstige Leistungen zur Aufrechterhaltung des Unternehmens der Landwirtschaft.

(2) Zuständig sind

1. in der allgemeinen Rentenversicherung die Regionalträger, die Deutsche Rentenversicherung Bund und die Deutsche Rentenversicherung Knappschaft-Bahn-See,
2. in der knappschaftlichen Rentenversicherung die Deutsche Rentenversicherung Knappschaft-Bahn-See,
3. in der Alterssicherung der Landwirte die Sozialversicherung für Landwirtschaft, Forsten und Gartenbau als landwirtschaftliche Alterskasse.

§ 24 Leistungen der Sozialen Entschädigung

(1) Nach dem Recht der Sozialen Entschädigung können in Anspruch genommen werden:

1. Leistungen des Fallmanagements und Leistungen in einer Traumaambulanz als Schnelle Hilfen,
2. Krankenbehandlung,
3. Leistungen zur Teilhabe,
4. Leistungen bei Pflegebedürftigkeit,
5. Leistungen bei Blindheit,
6. Entschädigungszahlungen,
7. Berufsschadensausgleich,
8. Besondere Leistungen im Einzelfall,
9. Leistungen bei Überführung und Bestattung,
10. Ausgleich in Härtefällen,
11. Leistungen bei Wohnsitz oder gewöhnlichem Aufenthalt im Ausland sowie
12. Leistungen nach den Vorschriften zu Besitzständen.

(2) $_1$Zuständig sind die nach Bundesrecht oder Landesrecht bestimmten Träger der Sozialen Entschädigung. $_2$Bei der Durchführung der Krankenbehandlung wirken die Träger der gesetzlichen Krankenversicherung und bei der Durchführung der Hilfsmittelversorgung die Träger der gesetzlichen Unfallversicherung mit.

§ 24a Leistungen der Soldatenentschädigung

$_1$Die Entschädigung für Soldatinnen und Soldaten sowie frühere Soldatinnen und Soldaten richtet sich nach dem Soldatenentschädigungsgesetz. $_2$Zuständig für die Durchführung ist die Bundeswehrverwaltung.

§ 25 Kindergeld, Kinderzuschlag, Elterngeld und Leistungen für Bildung und Teilhabe

(1) $_1$Nach dem Bundeskindergeldgesetz kann nur dann Kindergeld in Anspruch genommen werden, wenn nicht der Familienleistungsausgleich nach § 31 des Einkommensteuergesetzes zur Anwendung kommt. $_2$Nach dem Bundeskindergeldgesetz können auch der Kinderzuschlag und Leistungen für Bildung und Teilhabe in Anspruch genommen werden.

(2) Nach dem Recht des Bundeselterngeld- und Elternzeitgesetzes kann Elterngeld in Anspruch genommen werden.

(3) Für die Ausführung des Absatzes 1 sind die nach § 7 des Bundeskindergeldgesetzes bestimmten Stellen und für die Ausführung des Absatzes 2 die nach § 12 des Bundeselterngeld- und Elternzeitgesetzes bestimmten Stellen zuständig.

§ 26 Wohngeld

(1) Nach dem Wohngeldrecht kann als Zuschuß zur Miete oder als Zuschuß zu den Aufwendungen für den eigengenutzten Wohnraum Wohngeld in Anspruch genommen werden.

(2) Zuständig sind die durch Landesrecht bestimmten Behörden.

§ 27 Leistungen der Kinder- und Jugendhilfe

(1) Nach dem Recht der Kinder- und Jugendhilfe können in Anspruch genommen werden:

1. Angebote der Jugendarbeit, der Jugendsozialarbeit und des erzieherischen Jugendschutzes,
2. Angebote zur Förderung der Erziehung in der Familie,
3. Angebote zur Förderung von Kindern in Tageseinrichtungen und in Tagespflege,
4. Hilfe zur Erziehung, Eingliederungshilfe für seelisch behinderte Kinder und Jugendliche sowie Hilfe für junge Volljährige.

(2) Zuständig sind die Kreise und die kreisfreien Städte, nach Maßgabe des Landesrechts auch kreisangehörige Gemeinden; sie arbeiten mit der freien Jugendhilfe zusammen.

§ 28 Leistungen der Sozialhilfe

(1) Nach dem Recht der Sozialhilfe können in Anspruch genommen werden:

1. Hilfe zum Lebensunterhalt,

1a. Grundsicherung im Alter und bei Erwerbsminderung,

2. Hilfen zur Gesundheit,
3. (weggefallen),
4. Hilfe zur Pflege,
5. Hilfe zur Überwindung besonderer sozialer Schwierigkeiten,
6. Hilfe in anderen Lebenslagen

sowie die jeweils gebotene Beratung und Unterstützung.

(2) Zuständig sind die Kreise und kreisfreien Städte, die überörtlichen Träger der Sozialhilfe und für besondere Aufgaben die Gesundheitsämter; sie arbeiten mit den Trägern der freien Wohlfahrtspflege zusammen.

§ 28a Leistungen der Eingliederungshilfe

(1) Nach dem Recht der Eingliederungshilfe können in Anspruch genommen werden:

1. Leistungen zur medizinischen Rehabilitation,
2. Leistungen zur Teilhabe am Arbeitsleben,
3. Leistungen zur Teilhabe an Bildung,
4. Leistungen zur Sozialen Teilhabe.

(2) Zuständig sind die durch Landesrecht bestimmten Behörden.

§ 29 Leistungen zur Rehabilitation und Teilhabe behinderter Menschen

(1) Nach dem Recht der Rehabilitation und Teilhabe behinderter Menschen können in Anspruch genommen werden

1. Leistungen zur medizinischen Rehabilitation, insbesondere
   a) Frühförderung behinderter und von Behinderung bedrohter Kinder,
   b) ärztliche und zahnärztliche Behandlung,
   c) Arznei- und Verbandmittel sowie Heilmittel einschließlich physikalischer, Sprach- und Beschäftigungstherapie,
   d) Körperersatzstücke, orthopädische und andere Hilfsmittel,
   e) Belastungserprobung und Arbeitstherapie,
2. Leistungen zur Teilhabe am Arbeitsleben, insbesondere
   a) Hilfen zum Erhalten oder Erlangen eines Arbeitsplatzes,
   b) Berufsvorbereitung, berufliche Anpassung, Ausbildung und Weiterbildung,
   c) sonstige Hilfen zur Förderung der Teilhabe am Arbeitsleben,

2a. Leistungen zur Teilhabe an Bildung, insbesondere
   a) Hilfen zur Schulbildung, insbesondere im Rahmen der allgemeinen Schulpflicht und zum Besuch weiterführender Schulen einschließlich der Vorbereitung hierzu,
   b) Hilfen zur schulischen Berufsausbildung,
   c) Hilfen zur Hochschulbildung,
   d) Hilfen zur schulischen beruflichen Weiterbildung,

3. Leistungen zur Sozialen Teilhabe, insbesondere
   a) Leistungen für Wohnraum,
   b) Assistenzleistungen,
   c) heilpädagogische Leistungen,
   d) Leistungen zur Betreuung in einer Pflegefamilie,
   e) Leistungen zum Erwerb und Erhalt praktischer Kenntnisse und Fähigkeiten,

f) Leistungen zur Förderung der Verständigung,
g) Leistungen zur Mobilität,
h) Hilfsmittel,

4. unterhaltssichernde und andere ergänzende Leistungen, insbesondere
   a) Krankengeld, Krankengeld der Sozialen Entschädigung, Krankengeld der Soldatenentschädigung, Verletztengeld, Übergangsgeld, Ausbildungsgeld oder Unterhaltsbeihilfe,
   b) Beiträge zur gesetzlichen Kranken-, Unfall-, Renten- und Pflegeversicherung sowie zur Bundesagentur für Arbeit,
   c) Reisekosten,
   d) Haushalts- oder Betriebshilfe und Kinderbetreuungskosten,
   e) Rehabilitationssport und Funktionstraining,
5. besondere Leistungen und sonstige Hilfen zur Teilhabe schwerbehinderter Menschen am Leben in der Gesellschaft, insbesondere am Arbeitsleben.

(2) Zuständig sind die in den §§ 19 bis 24a, 27 und 28 genannten Leistungsträger und die Integrationsämter.

Dritter Abschnitt
Gemeinsame Vorschriften für alle Sozialleistungsbereiche dieses Gesetzbuchs

Erster Titel
Allgemeine Grundsätze

§ 30 Geltungsbereich

(1) Die Vorschriften dieses Gesetzbuchs gelten für alle Personen, die ihren Wohnsitz oder gewöhnlichen Aufenthalt in seinem Geltungsbereich haben.

(2) Regelungen des über- und zwischenstaatlichen Rechts bleiben unberührt.

(3) $_1$Einen Wohnsitz hat jemand dort, wo er eine Wohnung unter Umständen innehat, die darauf schließen lassen, daß er die Wohnung beibehalten und benutzen wird. $_2$Den gewöhnlichen Aufenthalt hat jemand dort, wo er sich unter Umständen aufhält, die erkennen lassen, daß er an diesem Ort oder in diesem Gebiet nicht nur vorübergehend verweilt.

§ 31 Vorbehalt des Gesetzes

Rechte und Pflichten in den Sozialleistungsbereichen dieses Gesetzbuchs dürfen nur begründet, festgestellt, geändert oder aufgehoben werden, soweit ein Gesetz es vorschreibt oder zuläßt.

§ 32 Verbot nachteiliger Vereinbarungen

Privatrechtliche Vereinbarungen, die zum Nachteil des Sozialleistungsberechtigten von Vorschriften dieses Gesetzbuchs abweichen, sind nichtig.

§ 33 Ausgestaltung von Rechten und Pflichten

$_1$Ist der Inhalt von Rechten und Pflichten nach Art oder Umfang nicht im einzelnen bestimmt, sind bei ihrer Ausgestaltung die persönlichen Verhältnisse des Berechtigten oder Verpflichteten, sein Bedarf und seine Leistungsfähigkeit sowie die örtlichen Verhältnisse zu berücksichtigen, soweit Rechtsvorschriften nicht entgegenstehen. $_2$Dabei soll den Wünschen des Berechtigten oder Verpflichteten entsprochen werden, soweit sie angemessen sind.

§ 33a Altersabhängige Rechte und Pflichten

(1) Sind Rechte oder Pflichten davon abhängig, daß eine bestimmte Altersgrenze erreicht oder nicht überschritten ist, ist das Geburtsdatum maßgebend, das sich aus der ersten Angabe des Berechtigten oder Verpflichteten oder seiner Angehörigen gegenüber einem Sozialleistungsträger oder, soweit es sich um eine Angabe im Rahmen des Dritten oder Sechsten Abschnitts des Vierten Buches handelt, gegenüber dem Arbeitgeber ergibt.

(2) Von einem nach Absatz 1 maßgebenden Geburtsdatum darf nur abgewichen werden, wenn der zuständige Leistungsträger feststellt, daß

1. ein Schreibfehler vorliegt oder
2. sich aus einer Urkunde, deren Original vor dem Zeitpunkt der Angabe nach Absatz 1 ausgestellt worden ist, ein anderes Geburtsdatum ergibt.

(3) Die Absätze 1 und 2 gelten für Geburtsdaten, die Bestandteil der Versicherungsnummer oder eines anderen in den Sozialleistungsbereichen dieses Gesetzbuchs verwendeten Kennzeichens sind, entsprechend.

§ 33b Lebenspartnerschaften

Lebenspartnerschaften im Sinne dieses Gesetzbuches sind Lebenspartnerschaften nach dem Lebenspartnerschaftsgesetz.

§ 33c Benachteiligungsverbot

$_1$Bei der Inanspruchnahme sozialer Rechte darf niemand aus Gründen der Rasse, wegen der ethnischen Herkunft oder einer Behinderung benachteiligt werden. $_2$Ansprüche können nur insoweit geltend gemacht oder hergeleitet werden, als deren Voraussetzungen und Inhalt durch die Vorschriften der besonderen Teile dieses Gesetzbuchs im Einzelnen bestimmt sind.

§ 34 Begrenzung von Rechten und Pflichten

(1) Soweit Rechte und Pflichten nach diesem Gesetzbuch ein familienrechtliches Rechtsverhältnis voraussetzen, reicht ein Rechtsverhältnis, das gemäß Internationalem Privatrecht dem Recht eines anderen Staates unterliegt und nach diesem Recht besteht, nur aus, wenn es dem Rechtsverhältnis im Geltungsbereich dieses Gesetzbuchs entspricht.

(2) Ansprüche mehrerer Ehegatten auf Witwenrente oder Witwerrente werden anteilig und endgültig aufgeteilt.

§ 35 Sozialgeheimnis

(1) 1Jeder hat Anspruch darauf, dass die ihn betreffenden Sozialdaten (§ 67 Absatz 2 Zehntes Buch) von den Leistungsträgern nicht unbefugt verarbeitet werden (Sozialgeheimnis). 2Die Wahrung des Sozialgeheimnisses umfasst die Verpflichtung, auch innerhalb des Leistungsträgers sicherzustellen, dass die Sozialdaten nur Befugten zugänglich sind oder nur an diese weitergegeben werden. 3Sozialdaten der Beschäftigten und ihrer Angehörigen dürfen Personen, die Personalentscheidungen treffen oder daran mitwirken können, weder zugänglich sein noch von Zugriffsberechtigten weitergegeben werden. 4Der Anspruch richtet sich auch gegen die Verbände der Leistungsträger, die Arbeitsgemeinschaften der Leistungsträger und ihrer Verbände, die Datenstelle der Rentenversicherung, die in diesem Gesetzbuch genannten öffentlich-rechtlichen Vereinigungen, Integrationsfachdienste, die Künstlersozialkasse, die Deutsche Post AG, soweit sie mit der Berechnung oder Auszahlung von Sozialleistungen betraut ist, die Behörden der Zollverwaltung, soweit sie Aufgaben nach § 2 des Schwarzarbeitsbekämpfungsgesetzes und § 66 des Zehnten Buches durchführen, die Versicherungsämter und Gemeindebehörden sowie die anerkannten Adoptionsvermittlungsstellen (§ 2 Absatz 3 des Adoptionsvermittlungsgesetzes), soweit sie Aufgaben nach diesem Gesetzbuch wahrnehmen, und die Stellen, die Aufgaben nach § 67c Absatz 4 des Zehnten Buches wahrnehmen. 5Die Beschäftigten haben auch nach Beendigung ihrer Tätigkeit bei den genannten Stellen das Sozialgeheimnis zu wahren.

(2) 1Die Vorschriften des Zweiten Kapitels des Zehnten Buches und der übrigen Bücher des Sozialgesetzbuches regeln die Verarbeitung von Sozialdaten abschließend, soweit nicht die Verordnung (EU) 2016/679 des Europäischen Parlaments und des Rates vom 27. April 2016 zum Schutz natürlicher Personen bei der Verarbeitung personenbezogener Daten, zum freien Datenverkehr und zur Aufhebung der Richtlinie 95/46/EG (Datenschutz-Grundverordnung) (ABl. L 119 vom 4. 5. 2016, S. 1; L 314 vom 22. 11. 2016, S. 72; L 127 vom 23. 5. 2018, S. 2) in der jeweils geltenden Fassung unmittelbar gilt. 2Für die Verarbeitungen von Sozialdaten im Rahmen von nicht in den Anwendungsbereich der Verordnung (EU) 2016/679 fallenden Tätigkeiten finden die Verordnung (EU) 2016/679 und dieses Gesetz entsprechende Anwendung, soweit nicht in diesem oder einem anderen Gesetz Abweichendes geregelt ist.

(2a) Die Verpflichtung zur Wahrung gesetzlicher Geheimhaltungspflichten oder von Berufs- oder besonderen Amtsgeheimnissen, die nicht auf gesetzlichen Vorschriften beruhen, bleibt unberührt.

(3) Soweit eine Übermittlung von Sozialdaten nicht zulässig ist, besteht keine Auskunftspflicht, keine Zeugnispflicht und keine Pflicht zur Vorlegung oder Auslieferung von Schriftstücken, nicht automatisierten Dateisystemen und automatisiert verarbeiteten Sozialdaten.

(4) Betriebs- und Geschäftsgeheimnisse stehen Sozialdaten gleich.

(5) 1Sozialdaten Verstorbener dürfen nach Maßgabe des Zweiten Kapitels des Zehnten Buches verarbeitet werden. 2Sie dürfen außerdem verarbeitet werden, wenn schutzwürdige Interessen des Verstorbenen oder seiner Angehörigen dadurch nicht beeinträchtigt werden können.

(6) 1Die Absätze 1 bis 5 finden neben den in Absatz 1 genannten Stellen auch Anwendung auf solche Verantwortliche oder deren Auftragsverarbeiter,

1. die Sozialdaten im Inland verarbeiten, sofern die Verarbeitung nicht im Rahmen einer Niederlassung in einem anderen Mitgliedstaat der Europäischen Union oder in einem anderen Vertragsstaat des Abkommens über den Europäischen Wirtschaftsraum erfolgt, oder
2. die Sozialdaten im Rahmen der Tätigkeiten einer inländischen Niederlassung verarbeiten.

2Sofern die Absätze 1 bis 5 nicht gemäß Satz 1 anzuwenden sind, gelten für den Verantwortlichen oder dessen Auftragsverarbeiter nur die §§ 81 bis 81c des Zehnten Buches.

(7) 1Bei der Verarbeitung zu Zwecken gemäß Artikel 2 der Verordnung (EU) 2016/679 stehen die Vertragsstaaten des Abkommens über den Europäischen Wirtschaftsraum und die Schweiz den Mitgliedstaaten der Europäischen Union gleich. 2Andere Staaten gelten insoweit als Drittstaaten.

§ 36 Handlungsfähigkeit

(1) 1Wer das fünfzehnte Lebensjahr vollendet hat, kann Anträge auf Sozialleistungen stellen und verfolgen sowie Sozialleistungen entgegennehmen. 2Der Leistungsträger soll den gesetzlichen Vertreter

über die Antragstellung und die erbrachten Sozialleistungen unterrichten.

(2) 1Die Handlungsfähigkeit nach Absatz 1 Satz 1 kann vom gesetzlichen Vertreter durch schriftliche Erklärung gegenüber dem Leistungsträger eingeschränkt werden. 2Die Rücknahme von Anträgen, der Verzicht auf Sozialleistungen und die Entgegennahme von Darlehen bedürfen der Zustimmung des gesetzlichen Vertreters.

§ 36a Elektronische Kommunikation

(1) Die Übermittlung elektronischer Dokumente ist zulässig, soweit der Empfänger hierfür einen Zugang eröffnet.

(2) 1Eine durch Rechtsvorschrift angeordnete Schriftform kann, soweit nicht durch Rechtsvorschrift etwas anderes bestimmt ist, durch die elektronische Form ersetzt werden. 2Der elektronischen Form genügt ein elektronisches Dokument, das mit einer qualifizierten elektronischen Signatur versehen ist. 3Die Signierung mit einem Pseudonym, das die Identifizierung der Person des Signaturschlüsselinhabers nicht unmittelbar durch die Behörde ermöglicht, ist nicht zulässig.

(2a) Die Schriftform kann auch ersetzt werden

1. durch unmittelbare Abgabe der Erklärung in einem elektronischen Formular, das von der Behörde in einem Eingabegerät oder über öffentlich zugängliche Netze zur Verfügung gestellt wird, wenn
   a) bei einer Eingabe über öffentlich zugängliche Netze ein elektronischer Identitätsnachweis nach § 18 des Personalausweisgesetzes, nach § 12 des eID-Karte-Gesetzes oder nach § 78 Absatz 5 des Aufenthaltsgesetzes erfolgt;
   b) bei der Kommunikation zwischen dem Versicherten und seiner Krankenkasse die Identität mit der elektronischen Gesundheitskarte nach § 291a des Fünften Buches oder mit der digitalen Identität nach § 291 Absatz 8 des Fünften Buches elektronisch nachgewiesen wird;
   c) die Voraussetzungen nach § 9a Absatz 5 des Onlinezugangsgesetzes vorliegen;
2. durch Übermittlung einer von dem Erklärenden elektronisch signierten Erklärung an die Behörde
   a) aus einem besonderen elektronischen Anwaltspostfach nach den §§ 31a und 31b der Bundesrechtsanwaltsordnung oder aus einem entsprechenden, auf gesetzlicher Grundlage errichteten elektronischen Postfach;
   b) aus einem elektronischen Postfach einer Behörde oder einer juristischen Person des öffentlichen Rechts, das nach Durchführung eines Identifizierungsverfahrens nach den Regelungen der auf Grund des § 130a Absatz 2 Satz 2 der Zivilprozessordnung erlassenen Rechtsverordnung eingerichtet wurde;
   c) aus einem elektronischen Postfach einer natürlichen oder juristischen Person oder einer sonstigen Vereinigung, das nach Durchführung eines Identifizierungsverfahrens nach den Regelungen der auf Grund des § 130a Absatz 2 Satz 2 der Zivilprozessordnung erlassenen Rechtsverordnung eingerichtet wurde;
   d) mit der Versandart nach § 5 Absatz 5 des De-Mail-Gesetzes;
3. bei elektronischen Verwaltungsakten oder sonstigen elektronischen Dokumenten der Behörde
   a) indem diese mit dem qualifizierten elektronischen Siegel der Behörde versehen werden;
   b) durch Versendung einer De-Mail-Nachricht nach § 5 Absatz 5 des De-Mail-Gesetzes, bei der die Bestätigung des akkreditierten Diensteanbieters die erlassende Behörde als Nutzer des De-Mail-Kontos erkennen lässt.

(2b) 1Ermöglicht die Behörde die unmittelbare Abgabe einer Erklärung in einem elektronischen Formular, das von der Behörde in einem Eingabegerät oder über öffentlich zugängliche Netze zur Verfügung gestellt wird, so hat sie dem Erklärenden vor Abgabe der Erklärung Gelegenheit zu geben, die gesamte Erklärung auf Vollständigkeit und Richtigkeit zu prüfen. 2Nach der Abgabe ist dem Erklärenden eine Kopie der Erklärung zur Verfügung zu stellen. 3Die Sätze 1 und 2 gelten nicht für Absatz 2a Nummer 1 Buchstabe c.

(2c) 1Ist durch Rechtsvorschrift die Verwendung eines bestimmten Formulars vorgeschrieben, das ein Unterschriftsfeld vorsieht, wird allein dadurch nicht die Anordnung der Schriftform bewirkt. 2Bei einer für die elektronische Versendung an die Behörde bestimmten Fassung des Formulars entfällt das Unterschriftsfeld.

(3) 1Ist ein der Behörde übermitteltes elektronisches Dokument für sie zur Bearbeitung nicht geeignet, teilt sie dies dem Absender unter Angabe der für sie geltenden technischen Rahmenbedingungen unverzüglich mit. 2Macht ein Empfänger geltend, er könne das von der Behörde übermittelte elektronische Dokument nicht bearbeiten, übermittelt sie es ihm erneut in einem geeigneten elektronischen Format oder als Schriftstück.

(4) 1Die Träger der Sozialversicherung einschließlich der Bundesagentur für Arbeit, ihre Verbände und Arbeitsgemeinschaften verwenden unter Beachtung der Grundsätze der Wirtschaftlichkeit und Sparsamkeit im jeweiligen Sozialleistungsbereich Vertrauensdienste, die eine gemeinsame und bun-

deseinheitliche Kommunikation und Übermittlung der Daten und die Überprüfbarkeit der qualifizierten elektronischen Signatur auf Dauer sicherstellen. $_{2}$Diese Träger sollen über ihren jeweiligen Bereich hinaus Vertrauensdienste im Sinne des Satzes 1 verwenden. $_{3}$Die Sätze 1 und 2 gelten entsprechend für die Leistungserbringer nach dem Fünften und dem Elften Buch und die von ihnen gebildeten Organisationen.

(5) Die Identifizierung und Authentifizierung der Nutzer im Sinne des § 2 Absatz 4 Nummer 1 des Onlinezugangsgesetzes für die Inanspruchnahme elektronischer Verwaltungsleistungen nach dem Sozialgesetzbuch kann in Ergänzung zum zentralen Bürgerkonto nach § 3 Absatz 1 Satz 1 des Onlinezugangsgesetzes auch über die Nutzerkonten der Leistungsträger erfolgen.

§ 37 Vorbehalt abweichender Regelungen

$_{1}$Das Erste und Zehnte Buch gelten für alle Sozialleistungsbereiche dieses Gesetzbuchs, soweit sich aus den übrigen Büchern nichts Abweichendes ergibt; § 68 bleibt unberührt. $_{2}$Der Vorbehalt gilt nicht für die §§ 1 bis 17 und 31 bis 36. $_{3}$Das Zweite Kapitel des Zehnten Buches geht dessen Erstem Kapitel vor, soweit sich die Ermittlung des Sachverhaltes auf Sozialdaten erstreckt.

Zweiter Titel
Grundsätze des Leistungsrechts

§ 38 Rechtsanspruch

Auf Sozialleistungen besteht ein Anspruch, soweit nicht nach den besonderen Teilen dieses Gesetzbuchs die Leistungsträger ermächtigt sind, bei der Entscheidung über die Leistung nach ihrem Ermessen zu handeln.

§ 39 Ermessensleistungen

(1) $_{1}$Sind die Leistungsträger ermächtigt, bei der Entscheidung über Sozialleistungen nach ihrem Ermessen zu handeln, haben sie ihr Ermessen entsprechend dem Zweck der Ermächtigung auszuüben und die gesetzlichen Grenzen des Ermessens einzuhalten. $_{2}$Auf pflichtgemäße Ausübung des Ermessens besteht ein Anspruch.

(2) Für Ermessensleistungen gelten die Vorschriften über Sozialleistungen, auf die ein Anspruch besteht, entsprechend, soweit sich aus den Vorschriften dieses Gesetzbuchs nichts Abweichendes ergibt.

§ 40 Entstehen der Ansprüche

(1) Ansprüche auf Sozialleistungen entstehen, sobald ihre im Gesetz oder auf Grund eines Gesetzes bestimmten Voraussetzungen vorliegen.

(2) Bei Ermessensleistungen ist der Zeitpunkt maßgebend, in dem die Entscheidung über die Leistung bekanntgegeben wird, es sei denn, daß in der Entscheidung ein anderer Zeitpunkt bestimmt ist.

§ 41 Fälligkeit

Soweit die besonderen Teile dieses Gesetzbuchs keine Regelung enthalten, werden Ansprüche auf Sozialleistungen mit ihrem Entstehen fällig.

§ 42 Vorschüsse

(1) $_{1}$Besteht ein Anspruch auf Geldleistungen dem Grund nach und ist zur Feststellung seiner Höhe voraussichtlich längere Zeit erforderlich, kann der zuständige Leistungsträger Vorschüsse zahlen, deren Höhe er nach pflichtgemäßem Ermessen bestimmt. $_{2}$Er hat Vorschüsse nach Satz 1 zu zahlen, wenn der Berechtigte es beantragt; die Vorschußzahlung beginnt spätestens nach Ablauf eines Kalendermonats nach Eingang des Antrags.

(2) $_{1}$Die Vorschüsse sind auf die zustehende Leistung anzurechnen. $_{2}$Soweit sie diese übersteigen, sind sie vom Empfänger zu erstatten. $_{3}$§ 50 Abs. 4 des Zehnten Buches gilt entsprechend.

(3) Für die Stundung, Niederschlagung und den Erlaß des Erstattungsanspruchs gilt § 76 Abs. 2 des Vierten Buches entsprechend.

§ 43 Vorläufige Leistungen

(1) $_{1}$Besteht ein Anspruch auf Sozialleistungen und ist zwischen mehreren Leistungsträgern streitig, wer zur Leistung verpflichtet ist, kann der unter ihnen zuerst angegangene Leistungsträger vorläufig Leistungen erbringen, deren Umfang er nach pflichtgemäßen Ermessen bestimmt. $_{2}$Er hat Leistungen nach Satz 1 zu erbringen, wenn der Berechtigte es beantragt; die vorläufigen Leistungen beginnen spätestens nach Ablauf eines Kalendermonats nach Eingang des Antrags.

(2) $_{1}$Für die Leistungen nach Absatz 1 gilt § 42 Abs. 2 und 3 entsprechend. $_{2}$Ein Erstattungsanspruch gegen den Empfänger steht nur dem zur Leistung verpflichteten Leistungsträger zu.

§ 44 Verzinsung

(1) Ansprüche auf Geldleistungen sind nach Ablauf eines Kalendermonats nach dem Eintritt ihrer Fälligkeit bis zum Ablauf des Kalendermonats vor der Zahlung mit vier vom Hundert zu verzinsen.

(2) Die Verzinsung beginnt frühestens nach Ablauf von sechs Kalendermonaten nach Eingang des vollständigen Leistungsantrags beim zuständigen Leistungsträger, beim Fehlen eines Antrags nach Ablauf eines Kalendermonats nach der Bekanntgabe der Entscheidung über die Leistung.

(3) $_1$Verzinst werden volle Euro-Beträge. $_2$Dabei ist der Kalendermonat mit dreißig Tagen zugrunde zu legen.

§ 45 Verjährung

(1) Ansprüche auf Sozialleistungen verjähren in vier Jahren nach Ablauf des Kalenderjahrs, in dem sie entstanden sind.

(2) Für die Hemmung, die Ablaufhemmung, den Neubeginn und die Wirkung der Verjährung gelten die Vorschriften des Bürgerlichen Gesetzbuchs sinngemäß.

(3) $_1$Die Verjährung wird auch durch schriftlichen Antrag auf die Sozialleistung oder durch Erhebung eines Widerspruchs gehemmt. $_2$Die Hemmung endet sechs Monate nach Bekanntgabe der Entscheidung über den Antrag oder den Widerspruch.

§ 46 Verzicht

(1) Auf Ansprüche auf Sozialleistungen kann durch schriftliche Erklärung gegenüber dem Leistungsträger verzichtet werden; der Verzicht kann jederzeit mit Wirkung für die Zukunft widerrufen werden.

(2) Der Verzicht ist unwirksam soweit durch ihn andere Personen oder Leistungsträger belastet oder Rechtsvorschriften umgangen werden.

§ 47 Auszahlung von Geldleistungen

(1) $_1$Soweit die besonderen Teile dieses Gesetzbuchs keine Regelung enthalten, werden Geldleistungen kostenfrei auf das angegebene Konto bei einem Geldinstitut, für das die Verordnung (EU) Nr. 260/2012 des Europäischen Parlaments und des Rates vom 14. März 2012 zur Festlegung der technischen Vorschriften und der Geschäftsanforderungen für Überweisungen und Lastschriften in Euro und zur Änderung der Verordnung (EG) Nr. 924/2009 (ABl. L 94 vom 30. 3. 2012, S. 22) gilt, überwiesen. $_2$Abweichend von Satz 1 werden Geldleistungen kostenfrei an den Wohnsitz oder gewöhnlichen Aufenthalt des Empfängers innerhalb des Geltungsbereiches der in Satz 1 genannten Verordnung übermittelt, wenn

1. der Empfänger nachweist, dass ihm die Einrichtung eines Kontos bei einem Geldinstitut ohne eigenes Verschulden nicht möglich ist, oder
2. die Auszahlung im Einzelfall keinen Aufschub duldet.

(2) Bei Zahlungen außerhalb des Geltungsbereiches der in Absatz 1 genannten Verordnung trägt der Leistungsträger die Kosten bis zu dem von ihm mit der Zahlung beauftragten Geldinstitut.

§ 48 Auszahlung bei Verletzung der Unterhaltspflicht

(1) $_1$Laufende Geldleistungen, die der Sicherung des Lebensunterhalts zu dienen bestimmt sind, können in angemessener Höhe an den Ehegatten, den Lebenspartner oder die Kinder des Leistungsberechtigten ausgezahlt werden, wenn er ihnen gegenüber seiner gesetzlichen Unterhaltspflicht nicht nachkommt. $_2$Kindergeld, Kinderzuschläge und vergleichbare Rentenbestandteile (Geldleistungen für Kinder) können an Kinder, die bei der Festsetzung der Geldleistungen berücksichtigt werden, bis zur Höhe des Betrages, der sich bei entsprechender Anwendung des § 54 Abs. 5 Satz 2 ergibt, ausgezahlt werden. $_3$Für das Kindergeld gilt dies auch dann, wenn der Kindergeldberechtigte mangels Leistungsfähigkeit nicht unterhaltspflichtig ist oder nur Unterhalt in Höhe eines Betrages zu leisten braucht, der geringer ist als das für die Auszahlung in Betracht kommende Kindergeld. $_4$Die Auszahlung kann auch an die Person oder Stelle erfolgen, die dem Ehegatten, dem Lebenspartner oder den Kindern Unterhalt gewährt.

(2) Absatz 1 Satz 1, 2 und 4 gilt entsprechend, wenn unter Berücksichtigung von Kindern, denen gegenüber der Leistungsberechtigte nicht kraft Gesetzes unterhaltspflichtig ist, Geldleistungen erbracht werden und der Leistungsberechtigte diese Kinder nicht unterhält.

§ 49 Auszahlung bei Unterbringung

(1) Ist ein Leistungsberechtigter auf Grund richterlicher Anordnung länger als einen Kalendermonat in einer Anstalt oder Einrichtung untergebracht, sind laufende Geldleistungen, die der Sicherung des Lebensunterhalts zu dienen bestimmt sind, an die Unterhaltsberechtigten auszuzahlen, soweit der Leistungsberechtigte kraft Gesetzes unterhaltspflichtig ist und er oder die Unterhaltsberechtigten es beantragen.

(2) Absatz 1 gilt entsprechend, wenn für Kinder, denen gegenüber der Leistungsberechtigte nicht kraft Gesetzes unterhaltspflichtig ist, Geldleistungen erbracht werden.

(3) § 48 Abs. 1 Satz 4 bleibt unberührt.

§ 50 Überleitung bei Unterbringung

(1) Ist der Leistungsberechtigte untergebracht (§ 49 Abs. 1), kann die Stelle, der die Kosten der Unterbringung zur Last fallen, seine Ansprüche auf laufende Geldleistungen, die der Sicherung des Lebensunterhalts zu dienen bestimmt sind, durch schriftliche Anzeige an den zuständigen Leistungsträger auf sich überleiten.

(2) Die Anzeige bewirkt den Anspruchsübergang nur insoweit, als die Leistung nicht an Unterhaltsberechtigte oder die in § 49 Abs. 2 genannten Kinder zu zahlen ist, der Leistungsberechtigte die Kosten der Unterbringung zu erstatten hat und die

Leistung auf den für die Erstattung maßgebenden Zeitraum entfällt.

(3) Die Absätze 1 und 2 gelten entsprechend, wenn für ein Kind (§ 56 Abs. 1 Satz 1 Nr. 2, Abs. 2), das untergebracht ist (§ 49 Abs. 1), ein Anspruch auf eine laufende Geldleistung besteht.

§ 51 Aufrechnung

(1) Gegen Ansprüche auf Geldleistungen kann der zuständige Leistungsträger mit Ansprüchen gegen den Berechtigten aufrechnen, soweit die Ansprüche auf Geldleistungen nach § 54 Abs. 2 und 4 pfändbar sind.

(2) Mit Ansprüchen auf Erstattung zu Unrecht erbrachter Sozialleistungen und mit Beitragsansprüchen nach diesem Gesetzbuch kann der zuständige Leistungsträger gegen Ansprüche auf laufende Geldleistungen bis zu deren Hälfte aufrechnen, wenn der Leistungsberechtigte nicht nachweist, dass er dadurch hilfebedürftig im Sinne der Vorschriften des Zwölften Buches über die Hilfe zum Lebensunterhalt oder der Grundsicherung für Arbeitsuchende nach dem Zweiten Buch wird.

§ 52 Verrechnung

Der für eine Geldleistung zuständige Leistungsträger kann mit Ermächtigung eines anderen Leistungsträgers dessen Ansprüche gegen den Berechtigten mit der ihm obliegenden Geldleistung verrechnen, soweit nach § 51 die Aufrechnung zulässig ist.

§ 53 Übertragung und Verpfändung

(1) Ansprüche auf Dienst- und Sachleistungen können weder übertragen noch verpfändet werden.

(2) Ansprüche auf Geldleistungen können übertragen und verpfändet werden

1. zur Erfüllung oder zur Sicherung von Ansprüchen auf Rückzahlung von Darlehen und auf Erstattung von Aufwendungen, die im Vorgriff auf fällig gewordene Sozialleistungen zu einer angemessenen Lebensführung gegeben oder gemacht worden sind oder,
2. wenn der zuständige Leistungsträger feststellt, daß die Übertragung oder Verpfändung im wohlverstandenen Interesse des Berechtigten liegt.

(3) Ansprüche auf laufende Geldleistungen, die der Sicherung des Lebensunterhalts zu dienen bestimmt sind, können in anderen Fällen übertragen und verpfändet werden, soweit sie den für Arbeitseinkommen geltenden unpfändbaren Betrag übersteigen.

(4) Der Leistungsträger ist zur Auszahlung an den neuen Gläubiger nicht vor Ablauf des Monats verpflichtet, der dem Monat folgt, in dem er von der Übertragung oder Verpfändung Kenntnis erlangt hat.

(5) Eine Übertragung oder Verpfändung von Ansprüchen auf Geldleistungen steht einer Aufrechnung oder Verrechnung auch dann nicht entgegen, wenn der Leistungsträger beim Erwerb des Anspruchs von der Übertragung oder Verpfändung Kenntnis hatte.

(6) $_1$Soweit bei einer Übertragung oder Verpfändung Geldleistungen zu Unrecht erbracht worden sind, sind sowohl der Leistungsberechtigte als auch der neue Gläubiger als Gesamtschuldner dem Leistungsträger zur Erstattung des entsprechenden Betrages verpflichtet. $_2$Der Leistungsträger hat den Erstattungsanspruch durch Verwaltungsakt geltend zu machen.

§ 54 Pfändung

(1) Ansprüche auf Dienst- und Sachleistungen können nicht gepfändet werden.

(2) Ansprüche auf einmalige Geldleistungen können nur gepfändet werden, soweit nach den Umständen des Falles, insbesondere nach den Einkommens- und Vermögensverhältnissen des Leistungsberechtigten, der Art des beizutreibenden Anspruchs sowie der Höhe und der Zweckbestimmung der Geldleistung, die Pfändung der Billigkeit entspricht.

(3) Unpfändbar sind Ansprüche auf

1. Elterngeld bis zur Höhe der nach § 10 des Bundeselterngeld- und Elternzeitgesetzes anrechnungsfreien Beträge sowie dem Erziehungsgeld vergleichbare Leistungen der Länder,
2. Mutterschaftsgeld nach § 19 Absatz 1 des Mutterschutzgesetzes, soweit das Mutterschaftsgeld nicht aus einer Teilzeitbeschäftigung während der Elternzeit herrührt, bis zur Höhe des Elterngeldes nach § 2 des Bundeselterngeld- und Elternzeitgesetzes, soweit es die anrechnungsfreien Beträge nach § 10 des Bundeselterngeld- und Elternzeitgesetzes nicht übersteigt,

2a. Wohngeld, soweit nicht die Pfändung wegen Ansprüchen erfolgt, die Gegenstand der §§ 9 und 10 des Wohngeldgesetzes sind,

3. Geldleistungen, die dafür bestimmt sind, den durch einen Körper- oder Gesundheitsschaden bedingten Mehraufwand auszugleichen.

(4) Im übrigen können Ansprüche auf laufende Geldleistungen wie Arbeitseinkommen gepfändet werden.

(5) $_1$Ein Anspruch des Leistungsberechtigten auf Geldleistungen für Kinder (§ 48 Abs. 1 Satz 2) kann nur wegen gesetzlicher Unterhaltsansprüche eines Kindes, das bei der Festsetzung der Geldleistungen

berücksichtigt wird, gepfändet werden. 2Für die Höhe des pfändbaren Betrages bei Kindergeld gilt:

1. Gehört das unterhaltsberechtigte Kind zum Kreis der Kinder, für die dem Leistungsberechtigten Kindergeld gezahlt wird, so ist eine Pfändung bis zu dem Betrag möglich, der bei gleichmäßiger Verteilung des Kindergeldes auf jedes dieser Kinder entfällt. Ist das Kindergeld durch die Berücksichtigung eines weiteren Kindes erhöht, für das einer dritten Person Kindergeld oder dieser oder dem Leistungsberechtigten eine andere Geldleistung für Kinder zusteht, so bleibt der Erhöhungsbetrag bei der Bestimmung des pfändbaren Betrages des Kindergeldes nach Satz 1 außer Betracht.
2. Der Erhöhungsbetrag (Nummer 1 Satz 2) ist zugunsten jedes bei der Festsetzung des Kindergeldes berücksichtigten unterhaltsberechtigten Kindes zu dem Anteil pfändbar, der sich bei gleichmäßiger Verteilung auf alle Kinder, die bei der Festsetzung des Kindergeldes zugunsten des Leistungsberechtigten berücksichtigt werden, ergibt.

(6) In den Fällen der Absätze 2, 4 und 5 gilt § 53 Abs. 6 entsprechend.

§ 55 (weggefallen)

§ 56 Sonderrechtsnachfolge

(1) 1Fällige Ansprüche auf laufende Geldleistungen stehen beim Tode des Berechtigten nacheinander

1. dem Ehegatten,
1a. dem Lebenspartner,
2. den Kindern,
3. den Eltern,
4. dem Haushaltsführer

zu, wenn diese mit dem Berechtigten zur Zeit seines Todes in einem gemeinsamen Haushalt gelebt haben oder von ihm wesentlich unterhalten worden sind. 2Mehreren Personen einer Gruppe stehen die Ansprüche zu gleichen Teilen zu.

(2) Als Kinder im Sinne des Absatzes 1 Satz 1 Nr. 2 gelten auch

1. Stiefkinder und Enkel, die in den Haushalt des Berechtigten aufgenommen sind,
2. Pflegekinder (Personen, die mit dem Berechtigten durch ein auf längere Dauer angelegtes Pflegeverhältnis mit häuslicher Gemeinschaft wie Kinder mit Eltern verbunden sind),
3. Geschwister des Berechtigten, die in seinen Haushalt aufgenommen worden sind.

(3) Als Eltern im Sinne des Absatzes 1 Satz 1 Nr. 3 gelten auch

1. sonstige Verwandte der geraden aufsteigenden Linie,
2. Stiefeltern,
3. Pflegeeltern (Personen, die den Berechtigten als Pflegekind aufgenommen haben).

(4) Haushaltsführer im Sinne des Absatzes 1 Satz 1 Nr. 4 ist derjenige Verwandte oder Verschwägerte, der an Stelle des verstorbenen oder geschiedenen oder an der Führung des Haushalts aus gesundheitlichen Gründen dauernd gehinderten Ehegatten oder Lebenspartners den Haushalt des Berechtigten mindestens ein Jahr lang vor dessen Tod geführt hat und von diesem überwiegend unterhalten worden ist.

§ 57 Verzicht und Haftung des Sonderrechtsnachfolgers

(1) 1Der nach § 56 Berechtigte kann auf die Sonderrechtsnachfolge innerhalb von sechs Wochen nach ihrer Kenntnis durch schriftliche Erklärung gegenüber dem Leistungsträger verzichten. 2Verzichtet er innerhalb dieser Frist, gelten die Ansprüche als auf ihn nicht übergegangen. 3Sie stehen den Personen zu, die ohne den Verzichtenden nach § 56 berechtigt wären.

(2) 1Soweit Ansprüche auf den Sonderrechtsnachfolger übergegangen sind, haftet er für die nach diesem Gesetzbuch bestehenden Verbindlichkeiten des Verstorbenen gegenüber dem für die Ansprüche zuständigen Leistungsträger. 2Insoweit entfällt eine Haftung des Erben. 3Eine Aufrechnung und Verrechnung nach den §§ 51 und 52 ist ohne die dort genannten Beschränkungen der Höhe zulässig.

§ 58 Vererbung

1Soweit fällige Ansprüche auf Geldleistungen nicht nach den §§ 56 und 57 einem Sonderrechtsnachfolger zustehen, werden sie nach den Vorschriften des Bürgerlichen Gesetzbuchs vererbt. 2Der Fiskus als gesetzlicher Erbe kann die Ansprüche nicht geltend machen.

§ 59 Ausschluß der Rechtsnachfolge

1Ansprüche auf Dienst- und Sachleistungen erlöschen mit dem Tode des Berechtigten. 2Ansprüche auf Geldleistungen erlöschen nur, wenn sie im Zeitpunkt des Todes des Berechtigten weder festgestellt sind noch ein Verwaltungsverfahren über sie anhängig ist.

Dritter Titel
Mitwirkung des Leistungsberechtigten

§ 60 Angabe von Tatsachen

(1) 1Wer Sozialleistungen beantragt oder erhält, hat

1. alle Tatsachen anzugeben, die für die Leistung erheblich sind, und auf Verlangen des zuständi-

gen Leistungsträgers der Erteilung der erforderlichen Auskünfte durch Dritte zuzustimmen,
2. Änderungen in den Verhältnissen, die für die Leistung erheblich sind oder über die im Zusammenhang mit der Leistung Erklärungen abgegeben worden sind, unverzüglich mitzuteilen,
3. Beweismittel zu bezeichnen und auf Verlangen des zuständigen Leistungsträgers Beweisurkunden vorzulegen oder ihrer Vorlage zuzustimmen.

$_2$Satz 1 gilt entsprechend für denjenigen, der Leistungen zu erstatten hat.

(2) Soweit für die in Absatz 1 Satz 1 Nr. 1 und 2 genannten Angaben Vordrucke vorgesehen sind, sollen diese benutzt werden.

§ 61 Persönliches Erscheinen

Wer Sozialleistungen beantragt oder erhält, soll auf Verlangen des zuständigen Leistungsträgers zur mündlichen Erörterung des Antrags oder zur Vornahme anderer für die Entscheidung über die Leistung notwendiger Maßnahmen persönlich erscheinen.

§ 62 Untersuchungen

Wer Sozialleistungen beantragt oder erhält, soll sich auf Verlangen des zuständigen Leistungsträgers ärztlichen und psychologischen Untersuchungsmaßnahmen unterziehen, soweit diese für die Entscheidung über die Leistung erforderlich sind.

§ 63 Heilbehandlung

Wer wegen Krankheit oder Behinderung Sozialleistungen beantragt oder erhält, soll sich auf Verlangen des zuständigen Leistungsträgers einer Heilbehandlung unterziehen, wenn zu erwarten ist, daß sie eine Besserung seines Gesundheitszustands herbeiführen oder eine Verschlechterung verhindern wird.

§ 64 Leistungen zur Teilhabe am Arbeitsleben

Wer wegen Minderung der Erwerbsfähigkeit, anerkannten Schädigungsfolgen oder wegen Arbeitslosigkeit Sozialleistungen beantragt oder erhält, soll auf Verlangen des zuständigen Leistungsträgers an Leistungen zur Teilhabe am Arbeitsleben teilnehmen, wenn bei angemessener Berücksichtigung seiner beruflichen Neigung und seiner Leistungsfähigkeit zu erwarten ist, daß sie seine Erwerbs- oder Vermittlungsfähigkeit auf Dauer fördern oder erhalten werden.

§ 65 Grenzen der Mitwirkung

(1) Die Mitwirkungspflichten nach den §§ 60 bis 64 bestehen nicht, soweit
1. ihre Erfüllung nicht in einem angemessenen Verhältnis zu der in Anspruch genommenen Sozialleistung oder ihrer Erstattung steht oder
2. ihre Erfüllung dem Betroffenen aus einem wichtigen Grund nicht zugemutet werden kann oder
3. der Leistungsträger sich durch einen geringeren Aufwand als der Antragsteller oder Leistungsberechtigte die erforderlichen Kenntnisse selbst beschaffen kann.

(2) Behandlungen und Untersuchungen,
1. bei denen im Einzelfall ein Schaden für Leben oder Gesundheit nicht mit hoher Wahrscheinlichkeit ausgeschlossen werden kann,
2. die mit erheblichen Schmerzen verbunden sind oder
3. die einen erheblichen Eingriff in die körperliche Unversehrtheit bedeuten,

können abgelehnt werden.

(3) Angaben, die dem Antragsteller, dem Leistungsberechtigten oder ihnen nahestehenden Personen (§ 383 Abs. 1 Nr. 1 bis 3 der Zivilprozeßordnung) die Gefahr zuziehen würde, wegen einer Straftat oder einer Ordnungswidrigkeit verfolgt zu werden, können verweigert werden.

§ 65a Aufwendungsersatz

(1) $_1$Wer einem Verlangen des zuständigen Leistungsträgers nach den §§ 61 oder 62 nachkommt, kann auf Antrag Ersatz seiner notwendigen Auslagen und seines Verdienstausfalles in angemessenem Umfang erhalten. $_2$Bei einem Verlangen des zuständigen Leistungsträgers nach § 61 sollen Aufwendungen nur in Härtefällen ersetzt werden.

(2) Absatz 1 gilt auch, wenn der zuständige Leistungsträger ein persönliches Erscheinen oder eine Untersuchung nachträglich als notwendig anerkennt.

§ 66 Folgen fehlender Mitwirkung

(1) $_1$Kommt derjenige, der eine Sozialleistung beantragt oder erhält, seinen Mitwirkungspflichten nach den §§ 60 bis 62, 65 nicht nach und wird hierdurch die Aufklärung des Sachverhalts erheblich erschwert, kann der Leistungsträger ohne weitere Ermittlungen die Leistung bis zur Nachholung der Mitwirkung ganz oder teilweise versagen oder entziehen, soweit die Voraussetzungen der Leistung nicht nachgewiesen sind. $_2$Dies gilt entsprechend, wenn der Antragsteller oder Leistungsberechtigte in anderer Weise absichtlich die Aufklärung des Sachverhalts erheblich erschwert.

(2) Kommt derjenige, der eine Sozialleistung wegen Pflegebedürftigkeit, wegen Arbeitsunfähigkeit, wegen Gefährdung oder Minderung der Erwerbsfähigkeit, anerkannten Schädigungsfolgen oder wegen Arbeitslosigkeit beantragt oder erhält, seinen Mitwirkungspflichten nach den §§ 62 bis 65 nicht nach und ist unter Würdigung aller Umstände mit

Wahrscheinlichkeit anzunehmen, daß deshalb die Fähigkeit zur selbständigen Lebensführung, die Arbeits-, Erwerbs- oder Vermittlungsfähigkeit beeinträchtigt oder nicht verbessert wird, kann der Leistungsträger die Leistung bis zur Nachholung der Mitwirkung ganz oder teilweise versagen oder entziehen.

(3) Sozialleistungen dürfen wegen fehlender Mitwirkung nur versagt oder entzogen werden, nachdem der Leistungsberechtigte auf diese Folge schriftlich hingewiesen worden ist und seiner Mitwirkungspflicht nicht innerhalb einer ihm gesetzten angemessenen Frist nachgekommen ist.

§ 67 Nachholung der Mitwirkung

Wird die Mitwirkung nachgeholt und liegen die Leistungsvoraussetzungen vor, kann der Leistungsträger Sozialleistungen, die er nach § 66 versagt oder entzogen hat, nachträglich ganz oder teilweise erbringen.

Vierter Abschnitt
Übergangs- und Schlussvorschriften

§ 68 Besondere Teile dieses Gesetzbuches

Bis zu ihrer Einordnung in dieses Gesetzbuch gelten die nachfolgenden Gesetze mit den zu ihrer Ergänzung und Änderung erlassenen Gesetzen als dessen besondere Teile:

1. das Bundesausbildungsförderungsgesetz,
2. (weggefallen)
3. die Reichsversicherungsordnung,
4. das Gesetz über die Alterssicherung der Landwirte,
5. (weggefallen)
6. das Zweite Gesetz über die Krankenversicherung der Landwirte,
7. Gesetze, die eine entsprechende Anwendung der Leistungsvorschriften des Vierzehnten Buches vorsehen, insbesondere
   a) § 59 Absatz 1 des Bundesgrenzschutzgesetzes,
   b) die §§ 4 und 5 des Häftlingshilfegesetzes,
   c) die §§ 21 und 22 des Strafrechtlichen Rehabilitierungsgesetzes sowie
   d) die §§ 3 und 4 des Verwaltungsrechtlichen Rehabilitierungsgesetzes,
8. (weggefallen)
9. das Bundeskindergeldgesetz,
10. das Wohngeldgesetz,
11. (weggefallen)
12. das Adoptionsvermittlungsgesetz,
13. (weggefallen)
14. das Unterhaltsvorschussgesetz,
15. der Erste und Zweite Abschnitt des Bundeselterngeld- und Elternzeitgesetzes,
16. das Altersteilzeitgesetz,
17. der Fünfte Abschnitt des Schwangerschaftskonfliktgesetzes,
18. das Soldatenentschädigungsgesetz.

§ 69 Stadtstaaten-Klausel

Die Senate der Länder Berlin, Bremen und Hamburg werden ermächtigt, die Vorschriften dieses Buches über die Zuständigkeit von Behörden dem besonderen Verwaltungsaufbau ihrer Länder anzupassen.

§ 70 Überleitungsvorschrift zum Verjährungsrecht

Artikel 229 § 6 Abs. 1 und 2 des Einführungsgesetzes zum Bürgerlichen Gesetzbuche gilt entsprechend bei der Anwendung des § 45 Abs. 2 und 3 in der seit dem 1. Januar 2002 geltenden Fassung.

§ 71 Überleitungsvorschrift zur Übertragung, Verpfändung und Pfändung

§ 53 Abs. 6 und § 54 Abs. 6 sind nur auf Geldleistungen anzuwenden, soweit diese nach dem 30. März 2005 ganz oder teilweise zu Unrecht erbracht werden.